KLASSIKER
DR. OETKER
— VERLAG —
SEIT 1891

NUDELN VON A–Z

DIE DR. OETKER GELING-GARANTIE

UNSER VERSPRECHEN

Liebe Leserin, lieber Leser,

mit den Rezepten in unseren Koch- und Backbüchern möchten wir Sie und Ihre Lieben glücklich machen. Zum Glück braucht es den Erfolg, und den kaufen Sie mit jedem Dr. Oetker Buch gleich mit.

Dafür gibt es die *Dr. Oetker Geling-Garantie*. Sie ist unser Versprechen, dass alle Rezepte aus diesem Buch ganz einfach und sicher gelingen. Die Geling-Garantie startet schon bei der Zutatenliste: Alle Zutaten, die wir verwenden, sollten Sie leicht in Ihrem Supermarkt vor Ort einkaufen können. Jeder Zubereitungs-Schritt ist klar und einfach nachvollziehbar.

Eine Garantie können wir Ihnen aber auch deshalb mit gutem Gewissen geben, weil alle Rezepte dieses Buches von unserem erfahrenen Team entwickelt wurden. Anschließend haben wir jedes Gericht in einer ganz normalen Küche nachgekocht oder nachgebacken. Immer wieder. So lange, bis wir uns sicher waren, dass es gelingt. Und zwar auch bei Ihnen zu Hause.

Was wir versprechen, halten wir auch. Sollte beim Kochen oder Backen eines unserer Rezepte dennoch etwas danebengehen oder es Ihnen einfach nicht schmecken, dann lassen Sie es uns wissen. Schreiben Sie oder rufen Sie uns an! Wir werden das Rezept nochmals kritisch prüfen und Ihnen helfen herauszufinden, woran es gelegen haben könnte. Sie erreichen uns unter der Telefonnummer +49 (0) 89-5482515-0. Oder schreiben Sie uns eine E-Mail unter: redaktion-oetker@zsverlag.de

Natürlich freuen wir uns aber auch über weitere Rückmeldungen und auch über Lob. Ihre Ideen, Kommentare und Fragen können Sie jederzeit auch über Facebook posten: www.facebook.com/Dr.OetkerVerlag. Wir sind für Sie da. Garantiert.

Mit herzlichen Grüßen
Ihre Dr. Oetker Redaktion

ALLGEMEINE HINWEISE ZU DEN REZEPTEN

UNSER TIPP

Lesen Sie vor der Zubereitung – besser noch vor dem Einkauf – das Rezept einfach einmal vollständig durch. Aus dem Zusammenhang werden die Zubereitungs-Schritte deutlicher.

PORTIONSANGABEN

Die Anzahl der Portionen finden Sie in jedem Rezept ausgewiesen.

ARBEITSSCHRITTE

Die Zutaten sind in der Reihenfolge ihrer Verarbeitung aufgeführt. Jeder Arbeitsschritt ist einzeln hervorgehoben und extra nummeriert. So haben wir die Rezepte für Sie auch entwickelt und ausprobiert.

ZUBEREITUNGSZEIT UND GARZEIT

Die angegebene Zubereitungszeit schließt die Dauer der Vorbereitung und die eigentliche Zubereitung mit ein. Sie ist ein Anhaltswert und kann je nach individuellem Geschick oder Übung natürlich ein wenig variieren. Längere Wartezeiten wie zum Beispiel Kühl- oder Abkühlzeiten oder auch Auftauzeit sind in der Regel nicht in der Zubereitungszeit enthalten. Einzige Ausnahme: In dieser Zeit sind parallel andere Arbeitsschritte zu tun. Die Garzeiten sind extra ausgewiesen. Bei einigen Rezepten setzt sich die Gesamt-Garzeit aus mehreren Teil-Garzeiten zusammen.

BACKOFENEINSTELLUNG UND GARZEITEN

Die in den Rezepten angegebenen Backofentemperaturen und Garzeiten sind Richtwerte, die je nach individueller Hitzeleistung Ihres Backofens über- oder unterschritten werden können. Prüfen Sie nach Beendigung der angegebenen Garzeit ob das Gericht gar ist.
Die Temperaturangaben in diesem Buch beziehen sich auf Elektrobacköfen. Die Temperatur-Einstellungsmöglichkeiten für Gasbacköfen variieren je nach Hersteller, sodass wir keine allgemeingültigen Angaben machen können. Bitte beachten Sie deshalb bei der Einstellung des Backofens die Gebrauchsanleitung des Herstellers. Ein Backofenthermometer eignet sich dabei gut, um die Backofentemperatur im Blick zu haben.

EINSCHUBHÖHE

In den Rezepten in diesem Buch ist die Einschubhöhe immer dann die Mitte des Backofens, wenn nichts anderes angegeben ist.

HINWEISE ZU DEN NÄHRWERTEN

Bei den Nährwertangaben in den Rezepten handelt es sich um auf- bzw. abgerundete ganze Werte. Aufgrund von ständigen Rohstoffschwankungen und/oder Rezepturveränderungen bei Lebensmitteln kann es zu Abweichungen kommen. Die Nährwertangaben dienen daher lediglich Ihrer Orientierung und eignen sich nur bedingt für die Berechnung eines Diätplans.

ABKÜRZUNGEN UND SYMBOLE

EL	Esslöffel
TL	Teelöffel
Msp.	Messerspitze
Pck.	Packung/Päckchen
g	Gramm
kg	Kilogramm
ml	Milliliter
l	Liter
evtl.	eventuell
geh.	gehäuft
gestr.	gestrichen
gem.	gemahlen
ger.	gerieben
TK	Tiefkühlprodukt
°C	Grad Celsius

Kalorien-/Nährwertangaben

E	Eiweiß
F	Fett
Kh	Kohlenhydrate
kcal	Kilokalorie

Symbole

◔	Zubereitungs-/Garzeit
✚	Vegetarisch/Vegan
▲	Mit Alkohol

ARTISCHOCKEN-PENNE-SALAT

Zubereitungszeit: 40 Minuten, ohne Abkühlzeit
+ Vegetarisch

ZUTATEN FÜR 4 PORTIONEN

3 Eier
Salz
300 g Nudeln, z. B. Penne

FÜR DIE MARINADE:

2 kleine Schalotten
4–6 EL Apfelessig
150 ml heiße Gemüsebrühe
Salz
gem. Pfeffer
1 TL Senf
4 EL Olivenöl

ZUSÄTZLICH:

240 g abgetropfte Artischockenherzen (aus der Dose)
150 g abgetropfte Kapernäpfel (aus dem Glas)
je ½ Bund Basilikum und Dill
40 g abgetropfte getrocknete Tomaten, in Öl
2 EL Tomatenöl (von den getrockneten Tomaten)
evtl. etwas Gemüsebrühe
50 g Rucola
50 g abgetropfte schwarze Oliven, mit Stein

PRO PORTION:

E: 18 g, F: 23 g, Kh: 60 g, kcal: 549

1. Eier in kochendem Wasser in etwa 10 Minuten hart kochen. Anschließend mit kaltem Wasser abschrecken, dann pellen und erkalten lassen.

2. Inzwischen für die Nudeln Wasser in einem großen Topf zugedeckt zum Kochen bringen. Dann Salz und Nudeln zugeben. Die Nudeln im geöffneten Topf bei mittlerer Hitze nach Packungsanleitung bissfest kochen, dabei gelegentlich umrühren.

3. In der Zwischenzeit für die Marinade Schalotten abziehen und sehr fein würfeln. Essig, Brühe, Salz, Pfeffer, Senf und Olivenöl in einer Schüssel verschlagen. Die Schalottenwürfel kurz unterrühren.

4. Die Nudeln in ein Sieb geben, mit heißem Wasser abspülen und gut abtropfen lassen. Anschließend in einer Schüssel mit der Marinade gut vermischen. Die Nudeln lauwarm abkühlen lassen.

5. Inzwischen Artischockenherzen und Kapernäpfel halbieren. Kräuter abspülen, trocken tupfen und die Blättchen bzw. Spitzen von den Stängeln zupfen. Blättchen bzw. Spitzen fein hacken. Von den Tomaten 2 Esslöffel Tomatenöl auffangen und nach Belieben mit etwas Brühe unter die Nudeln mischen, mit Salz und Pfeffer abschmecken.

6. Tomaten in feine Streifen schneiden. Rucola verlesen und dicke Stängel abschneiden. Rucola abspülen, gut abtropfen lassen oder trocken schleudern und evtl. grob zerzupfen.

7. Eier in Stücke schneiden, mit Oliven und den restlichen Zutaten vorsichtig unter die Nudeln mischen. Den Artischocken-Penne-Salat mit Salz und Pfeffer abschmecken.

AUBERGINEN-NUDEL-AUFLAUF

Zubereitungszeit: 30 Minuten
Garzeit: etwa 40 Minuten
+ Vegan

ZUTATEN FÜR 4 PORTIONEN

2–3 möglichst große Auberginen (etwa 1,6 kg)

FÜR DIE MARINADE:

2 große Knoblauchzehen
1 großes Bund glatte Petersilie
½ Bund frischer Oregano (ersatzweise 1 TL gerebelter Oregano)
140 ml Olivenöl
½ Bio-Zitrone (unbehandelt, ungewachst)
¼ TL fein geschrotete Chiliflocken
gem. Pfeffer

FÜR DIE NUDELN:

Salz
300 g Nudeln, z. B. Penne
200 g Pflanzencreme zum Kochen

ZUSÄTZLICH:

400 g Tomaten
75 g abgetropfte Kapernäpfel (aus dem Glas)
etwas Olivenöl für die Form
50 g abgetropfte kleine schwarze Oliven, ohne Stein

ZUM BESTREUEN:

50 g veganes Weizenbrot (vom Vortag)
25 g Pinienkerne

PRO PORTION:

E: 19 g, F: 53 g, Kh: 74 g, kcal: 874

1. Auberginen abspülen, abtrocknen und die Stängelansätze entfernen. Auberginen längs in etwa ½ cm dicke Scheiben schneiden. Die Scheiben nacheinander in einer Pfanne ohne Fett jeweils von beiden Seiten leicht anrösten, herausnehmen und nebeneinander auf eine Platte legen.

2. Für die Marinade Knoblauch abziehen und durch eine Knoblauchpresse drücken. Petersilie und Oregano abspülen, trocken tupfen und die Blättchen von den Stängeln zupfen. Blättchen klein schneiden. 100 ml von dem Olivenöl mit den Kräutern und dem Knoblauch verrühren. Zitrone heiß abwaschen, abtrocknen und die Schale fein abreiben. Von der Zitronenhälfte den Saft auspressen, mit der Zitronenschale unter die Kräuter-Marinade rühren. Marinade mit Chili und etwas Pfeffer verrühren, dann gleichmäßig auf den Auberginenscheiben verteilen.

3. Für die Nudeln Wasser in einem großen Topf zugedeckt zum Kochen bringen. Salz und Nudeln in das kochende Wasser geben. Die Nudeln im geöffneten Topf bei mittlerer Hitze nach Packungsanleitung knapp bissfest kochen, dabei gelegentlich umrühren. Anschließend die Nudeln in ein Sieb geben, mit heißem Wasser abspülen und abtropfen lassen.

4. Die Nudeln mit der Pflanzencreme mischen, mit etwas Salz und Pfeffer würzen und kurz ziehen lassen, bis die Nudeln die Creme etwas aufgesogen haben.

5. Inzwischen den Backofen vorheizen.
Ober-/Unterhitze: etwa 200 °C
Heißluft: etwa 180 °C

6. Tomaten abspülen, abtrocknen und die Stängelansätze herausschneiden. Etwa die Hälfte der Tomaten grob würfeln. Restliche Tomaten in feine Scheiben schneiden. Von den Kapernäpfel die Stängelansätze entfernen. Die Kapernäpfel halbieren.

7. Die Hälfte der Auberginenscheiben in einer Auflaufform (mit Olivenöl gefettet) gleichmäßig verteilen, mit Salz und Pfeffer würzen. Nudeln, Tomatenwürfel, Oliven und Kapernäpfel mischen, ebenfalls mit Salz und Pfeffer würzen und auf den Auberginenscheiben verteilen. Die restlichen Auberginenscheiben mit der marinierten Seite nach oben darauflegen, mit Salz und Pfeffer würzen. Tomatenscheiben gleichmäßig darauflegen.

8. Das Brot grob reiben, mit den Pinienkernen mischen und auf dem Auflauf verteilen. Restliches Olivenöl daraufträufeln. Die Form zugedeckt auf dem Rost in den vorgeheizten Backofen schieben. Den Auflauf zugedeckt **etwa 30 Minuten,** dann offen **weitere 10 Minuten garen.**

BANDNUDEL-MUSCHEL-PFANNE

◷ Zubereitungszeit: 30 Minuten, ohne Auftauzeit
▲ Mit Alkohol

ZUTATEN FÜR 4 PORTIONEN

ZUM VORBEREITEN:

300 g TK-Venusmuscheln
(Vongole, ohne Schale)

FÜR DIE NUDELN:

500 g frische Linguine
(schmale Bandnudeln, aus dem Kühlregal)
60 g milde grüne und rote Chilischoten
2 Schalotten (etwa 120 g)
1 Bund Kerbel
2 EL Olivenöl
200 ml trockener Weißwein
Salz
gem. Pfeffer

PRO PORTION:

E: 20 g, F: 10 g, Kh: 50 g, kcal: 405

1. Zum Vorbereiten die Venusmuscheln nach Packungsanleitung auftauen lassen.

2. Die Bandnudeln in ein Sieb geben, mit kaltem Wasser abspülen (um ein Zusammenkleben zu verhindern) und abtropfen lassen.

3. Chilischoten längs halbieren, entstielen, entkernen, abspülen, abtropfen lassen und in kleine Stücke schneiden. Die Schalotten abziehen und in Scheiben schneiden.

4. Kerbel abspülen und trocken tupfen. Anschließend die Blättchen von den Stängeln zupfen.

5. Venusmuscheln kurz unter fließendem kalten Wasser abspülen und abtropfen lassen.

6. Das Olivenöl in einer großen Pfanne erhitzen. Schalottenscheiben und Chilistücke darin andünsten.

7. Venusmuscheln und Bandnudeln hinzugeben und 3–4 Minuten unter mehrmaligem Wenden dünsten.

8. Weißwein und Kerbel zu der Bandnudel-Muschel-Mischung geben und unterrühren. Die Bandnudel-Muschel-Pfanne mit Salz und Pfeffer würzen und servieren.

BANDNUDELN MIT PILZ-SAHNE-SAUCE

Zubereitungszeit: 25 Minuten
+ Vegetarisch

ZUTATEN FÜR 4 PORTIONEN

FÜR DIE NUDELN:

Salz
400–500 g breite Bandnudeln

FÜR DIE SAUCE:

750 g Champignons, z. B. rosé
1 Knoblauchzehe
3–4 EL Olivenöl
2 EL Zwiebelwürfel (frisch oder TK)
gem. Pfeffer
150 g Crème fraîche
125 g Schlagsahne
50 g ger. Parmesan
2 EL Schnittlauchröllchen (frisch oder TK)

PRO PORTION:

E: 26 g, F: 35 g, Kh: 83 g, kcal: 761

1. Wasser in einem großen Topf zugedeckt zum Kochen bringen. Dann Salz und Nudeln zugeben. Die Nudeln im geöffneten Topf bei mittlerer Hitze nach Packungsanleitung bissfest kochen, dabei gelegentlich umrühren.

2. In der Zwischenzeit für die Sauce Champignons putzen, evtl. kurz abspülen und trocken tupfen, dann in Scheiben schneiden. Knoblauch abziehen.

3. Olivenöl in einem Topf erhitzen. Zwiebelwürfel darin andünsten. Knoblauch durch eine Knoblauchpresse drücken, hinzugeben und mitdünsten lassen. Die Champignonscheiben hinzufügen und unter Rühren bei starker Hitze braten, bis die Flüssigkeit fast verdampft ist. Mit Salz und Pfeffer würzen.

4. Crème fraîche mit Sahne und Parmesan verrühren, zu den Champignonscheiben in den Topf geben und unter Rühren aufkochen lassen. Die Sauce mit Salz und Pfeffer würzen.

5. Die garen Nudeln in ein Sieb geben, mit heißem Wasser abspülen und abtropfen lassen. Die Nudeln mit der Pilz-Sahne-Sauce vermengen und kurz erhitzen. Mit Schnittlauchröllchen garnieren und sofort servieren.

BANDNUDELN MIT SCHINKEN UND ERBSEN

Zubereitungszeit: 25 Minuten

ZUTATEN FÜR 4 PORTIONEN

FÜR DIE SAUCE:

1 Zwiebel
200 g Butter
300 g TK-Erbsen
Salz
gem. Pfeffer
200 g Schlagsahne
150 g Kochschinken

FÜR DIE NUDELN:

Salz
400 g Bandnudeln

ZUSÄTZLICH:

50 g ger. Parmesan

PRO PORTION:

E: 31 g, F: 64 g, Kh: 82 g, kcal: 1048

1. Für die Sauce Zwiebel abziehen und in sehr kleine Würfel schneiden. Die Hälfte der Butter in einem Topf zerlassen. Zwiebelwürfel darin leicht bräunen. Gefrorene Erbsen hinzufügen. Mit Salz und Pfeffer würzen. Die Erbsen etwa 10 Minuten gar dünsten. Sahne hinzufügen und erhitzen.

2. Schinken in Streifen schneiden und kurz vor Ende der Garzeit mit den Erbsen vermengen. Sauce warm stellen.

3. Für die Nudeln Wasser in einem großen Topf zugedeckt zum Kochen bringen. Dann Salz und Nudeln hinzugeben. Die Nudeln im geöffneten Topf bei mittlerer Hitze nach Packungsanleitung bissfest kochen, dabei gelegentlich umrühren. Anschließend die Nudeln in ein Sieb geben, mit heißem Wasser abspülen und abtropfen lassen.

4. Die Nudeln in eine vorgewärmte Schüssel geben. Dann die Sauce darauf verteilen. Restliche Butter in Flöckchen daraufsetzen. Die Nudeln mit Parmesan bestreut sofort servieren. Oder Parmesan dazureichen.

TIPP:

Sie können die Sauce zusätzlich mit 1 Teelöffel Tessiner-Gewürz (eine Mischung aus Zwiebeln, Salz, Pfeffer, Sellerie, Rosmarin, Majoran, Basilikum, Knoblauch und Petersilie) verfeinern.

BASILIKUM-PESTO

Zubereitungszeit: 20 Minuten
+ Vegetarisch

ZUTATEN FÜR 6 PORTIONEN

3–4 Knoblauchzehen
1 gestr. TL Salz
50 g Pinienkerne
8 EL gehackte Basilikumblättchen
100 g ger. Pecorino oder Parmesan
200 ml Olivenöl

PRO PORTION:

E: 8 g, F: 43 g, Kh: 1 g, kcal: 419

1. Knoblauch abziehen, mit Salz, Pinienkernen und Basilikumblättchen im Mörser so lange zerstoßen, bis eine cremige Masse entstanden ist. Oder die Zutaten in einem hohen Rührbecher mit einem Pürierstab pürieren, bis eine cremige Masse entstanden ist.

2. Käse zufügen und unterarbeiten. Zuletzt Olivenöl unterrühren.

3. Pesto in vorbereitete Gläser füllen. Gläser mit Twist-off-Deckeln® verschließen.

TIPP:

Das Pesto ist im Kühlschrank etwa 6 Wochen haltbar. Es schmeckt nicht nur zu Pasta, sondern auch zu anderen Speisen, etwa zu Tomaten mit Mozzarella.

REZEPTVARIANTE 1:

Für **Bärlauch-Pesto** 2 Bund Bärlauch (etwa 90 g) putzen, abspülen, trocken tupfen oder trocken schleudern und klein schneiden. 50 g Pinienkerne in einer Pfanne ohne Fett unter Wenden goldbraun rösten, herausnehmen und auf einem Teller abkühlen lassen. Pinienkerne, 100 ml Olivenöl und 50 ml Keimöl in einem hohen Rührbecher fein pürieren. Bärlauch hinzugeben, nochmals kurz pürieren. 120 g fein geraspelten Parmesan unterrühren, mit Salz und Pfeffer würzen. Das Pesto ist im Kühlschrank etwa 7 Tage haltbar.

REZEPTVARIANTE 2:

Für **Rucola-Pesto** 1 Bund Rucola (etwa 100 g) verlesen und dicke Stängel abschneiden. Rucola abspülen, gut abtropfen lassen und klein schneiden. 50 g Pinienkerne in einer Pfanne ohne Fett unter Wenden anrösten, herausnehmen und abkühlen lassen. Pinienkerne, 3 abgezogene Knoblauchzehen, 1 gestr. Teelöffel Salz, 100 ml Olivenöl und 50 ml Traubenkernöl in einem hohen Rührbecher fein pürieren. Rucola hinzugeben, nochmals kurz pürieren. 120 g fein geraspelten Parmesan unterrühren. Pesto mit Salz und Pfeffer abschmecken. Das Pesto können Sie etwa 7 Tage im Kühlschrank aufbewahren.

BAVETTE MIT GRÜNEM SPARGEL UND FORELLE

Zubereitungszeit: 30 Minuten, ohne Auftauzeit

ZUTATEN FÜR 4 PORTIONEN

FÜR DAS GEMÜSE:

etwa 500 g frische Erbsen oder 300 g TK-Erbsen
1 Schalotte
4 EL Butter
Salz
gem. Pfeffer
Zucker
ger. Muskatnuss
400 g grüner Spargel
1 Bio-Zitrone (unbehandelt, ungewachst)
1 Bund Frühlingszwiebeln

FÜR DIE NUDELN:

400 g Bavette (schmale Bandnudeln)

250 g geräuchertes Lachsforellenfilet (ohne Haut)
½ Bund frische Kräuter, z. B. Dill, Petersilie, Basilikum, Kerbel

PRO PORTION:

E: 32 g, F: 26 g, Kh: 86 g, kcal: 735

1. Für das Gemüse frische Erbsen aus den Schoten palen, abspülen und abtropfen lassen, TK-Erbsen auftauen. Schalotte abziehen und sehr fein würfeln. Die Hälfte der Butter in einem Topf zerlassen. Schalottenwürfel darin glasig dünsten. Die Erbsen hinzugeben, mit etwas Salz, Pfeffer, je 1 Prise Zucker und Muskat würzen. Die Erbsen zugedeckt bei schwacher Hitze etwa 5 Minuten dünsten (TK-Erbsen direkt aus der Packung in den Topf geben und nur 3 Minuten dünsten).

2. Vom grünen Spargel das untere Drittel schälen und die unteren Enden abschneiden. Spargel abspülen, abtropfen lassen und schräg in etwa 2 cm feine Stücke schneiden. Zitrone heiß abwaschen, abtrocknen und etwas von der Schale fein abreiben. Die Zitrone halbieren und den Saft auspressen. Frühlingszwiebeln putzen, abspülen, abtropfen lassen und schräg in Scheiben schneiden.

3. Für die Nudeln Wasser in einem großen Topf zugedeckt zum Kochen bringen. Dann Salz und Nudeln zugeben. Die Nudeln im geöffneten Topf bei mittlerer Hitze nach Packungsanleitung bissfest kochen, dabei gelegentlich umrühren.

4. Inzwischen restliche Butter in einer Pfanne zerlassen. Die Spargelstücke darin unter gelegentlichem Rühren 4–6 Minuten dünsten. Anschließend mit Zitronenschale, Salz und Pfeffer würzen. Die Frühlingszwiebelscheiben zum Spargel geben und etwa 1 Minute mitdünsten lassen. Zuletzt die Erbsen untermischen.

5. Das Lachsforellenfilet in mundgerechte Stücke teilen, dabei evtl. vorhandene Gräten entfernen.

6. Die gegarten Nudeln in ein Sieb geben, dabei etwas von dem Nudelkochwasser auffangen und 5 Esslöffel abmessen. Nudeln mit heißem Wasser abspülen und abtropfen lassen.

7. Die Nudeln mit dem abgemessenen Nudelkochwasser zum Gemüse in die Pfanne geben und bei starker Hitze unter Schwenken sämig einkochen, mit Salz, Pfeffer und Zitronensaft abschmecken.

8. Die Pasta-Gemüse-Pfanne mit den Lachsforellenstückchen auf Tellern anrichten. Kräuter abspülen, trocken tupfen. Die Pasta mit den Kräutern garnieren.

BEEREN-PASTA-BOWL

Zubereitungszeit: 35 Minuten
Ruhezeit: mind. 60 Minuten
+ Laktosefrei

ZUTATEN FÜR 2 PORTIONEN

FÜR DEN TEIG:

35 g teilentöltes Haselnuss- oder Mandelmehl (z. B. aus dem Reformhaus, Naturkostladen)
110–125 g feiner Hartweizengrieß (Semola)
1 Ei (Größe M), 4 EL Wasser, Meersalz

FÜR DIE VANILLESAUCE:

2 Eigelb (Größe M)
1 TL Speisestärke
300 ml ungesüßter Mandeldrink (ersatzweise Trinkmilch, 3,5 % Fett)
½ Vanilleschote
1 Prise abger. Bio-Zitronenschale (unbehandelt, ungewachst)
1–2 EL Zucker (oder flüssiger Honig)

200–300 g gemischte frische Beeren/Früchte nach Saison und Geschmack
einige Minzeblättchen

ZUSÄTZLICH:

Küchenmaschine (Knethaken)
Nudelmaschine

PRO PORTION:

E: 19 g, F: 22 g, Kh: 70 g, kcal: 586

1. Für den Teig Nuss- oder Mandelmehl und Weizengrieß (vom Grieß 1 Teelöffel zum Bestäuben abnehmen) in der Rührschüssel einer leistungsstarken Küchenmaschine mischen. Ei, Wasser und 1 Prise Meersalz hinzufügen. Die Zutaten zunächst mit dem Knethaken auf niedrigster Stufe fein durchmischen. Dann auf mittlerer Stufe zu einem geschmeidig festen, leicht glänzenden Teig kneten. Anschließend mit den Händen zu einem glatten Teig verkneten, dann zu einer Kugel formen, mit dem abgenommenen Weizengrieß fein bestäuben und in Frischhaltefolie gewickelt mindestens 60 Minuten ruhen lassen.

2. Den Nudelteig portionsweise zunächst auf Stufe 7 durch die glatten Walzen der Nudelmaschine drehen. Dann über Stufe 5 nach und nach dünner werdend, bis zur Stufe 3, zu langen Bahnen ausrollen. Teigbahnen durch die Schneidwalzen der Nudelmaschine zu schmalen Bandnudeln schneiden, auf einem leicht bemehlten Geschirrtuch kurz antrocknen lassen.

3. In der Zwischenzeit für die Vanillesauce Eigelb mit Speisestärke und 2 Esslöffeln Mandeldrink glatt rühren. Vanilleschote längs aufschneiden, das Mark von ½ Schote mit einem Messerrücken herausschaben. Vanillemark und -schote mit Zitronenschale, restlichem Mandeldrink und Zucker oder Honig in einem Topf unter Rühren erhitzen. Den Topf von der Kochstelle nehmen, etwas von dem heißen Mandeldrink unter die angerührte Eigelbmasse schlagen. Dann die Eigelbmasse mit einem Schneebesen unter den restlichen Mandeldrink schlagen und unter ständigem Rühren einmal kurz aufkochen lassen.

4. Reichlich Wasser in einem großen Topf zum Kochen bringen. Etwa 1 ½ Esslöffel Meersalz hinzugeben. Die Nudeln ins sprudelnd kochende Salzwasser geben, vorsichtig durchrühren und unter gelegentlichem Rühren 2–3 Minuten sprudelnd kochen lassen.

5. Die frischen Beeren/Früchte verlesen, entstielen, abspülen und abtropfen lassen. Gegarte Nudeln abgießen, kurz abtropfen lassen und sofort unter die heiße Vanillesauce mischen.

6. Pasta in vorgewärmte Bowls verteilen. Beeren/Früchte daraufgeben und nach Belieben mit abgespülten, trocken getupften Minzeblättchen garnieren. Sofort servieren.

BOHNENEINTOPF „PASTA E FAGIOLI“

Zubereitungszeit: 20 Minuten
Einweichzeit: mind. 12 Stunden
Garzeit: etwa 1 Stunde

ZUTATEN FÜR 6 PORTIONEN

ZUM VORBEREITEN:

200 g getrocknete, weiße Bohnen

FÜR DEN EINTOPF:

2 rote Zwiebeln
2 Knoblauchzehen
1 kg Schweinerippchen
Salz
gem. Pfeffer
2 EL Olivenöl
2 l Fleischbrühe
1 l Bohnen-Einweichwasser
1 Stängel Rosmarin

250 g kleine Nudeln (z. B. Muscheln)

ZUM BETRÄUFELN UND BESTREUEN:

6 EL Olivenöl
einige vorbereitete Rosmarinnadeln
grober schwarzer Pfeffer

PRO PORTION:

E: 28 g, F: 22 g, Kh: 44 g, kcal: 480

1. Zum Vorbereiten Bohnen in ein Sieb geben, unter fließendem kalten Wasser abspülen und abtropfen lassen. Die Bohnen in etwa 1 ½ l kaltem Wasser über Nacht einweichen (mindestens 12 Stunden).

2. Für den Eintopf Zwiebeln und Knoblauch abziehen. Die Zwiebeln in kleine Würfel, den Knoblauch in Scheiben schneiden. Schweinerippchen mit Küchenpapier abtupfen. Die Rippchen kräftig mit Salz und Pfeffer würzen. Die eingeweichten Bohnen in einem Sieb abtropfen lassen, das Einweichwasser auffangen und 1 l davon abmessen.

3. Das Olivenöl in einem großen Topf erhitzen. Zwiebeln und Knoblauch darin andünsten. Schweinerippchen und die Bohnen hinzugeben. Brühe und abgemessenes Einweichwasser zugießen. Rosmarin abspülen, trocken tupfen und zugeben. Die Zutaten zum Kochen bringen und zugedeckt etwa 1 Stunde bei schwacher Hitze köcheln lassen, gelegentlich umrühren.

4. In der Zwischenzeit Wasser zugedeckt in einem großen Topf zum Kochen bringen. Dann Salz und Nudeln zugeben. Nudeln im geöffneten Topf bei mittlerer Hitze nach Packungsanleitung bissfest kochen, dabei gelegentlich umrühren. Anschließend die Nudeln in ein Sieb geben, mit heißem Wasser abspülen und abtropfen lassen.

5. Die Schweinerippchen aus dem Eintopf nehmen, das Fleisch von den Knochen lösen und in Stücke schneiden.

6. Zum Servieren Nudeln in den Eintopf geben. Den Eintopf mit Salz und Pfeffer abschmecken, mit dem Fleisch in tiefen Tellern anrichten. Jeweils 1 Esslöffel Olivenöl daraufträufeln, mit Rosmarin, Pfeffer und wenig Salz bestreuen.

TIPP:

Servieren Sie dazu geröstetes Knoblauchbrot.

BOLOGNESE

Zubereitungszeit: etwa 20 Minuten

ZUTATEN FÜR 4 PORTIONEN

FÜR DIE SAUCE:

1 Zwiebel
1 Knoblauchzehe
2 Möhren
100 g Knollensellerie
2 EL Olivenöl
250 g Rindergehacktes
2 EL Tomatenmark
1 Lorbeerblatt
800 g stückige Tomaten (aus der Dose)
Salz
gem. Pfeffer
gerebelter Oregano

PRO PORTION:

E: 17 g, F: 14 g, Kh: 11 g, kcal: 248

1. Für die Sauce Zwiebel und Knoblauch abziehen, halbieren und würfeln. Möhren und Sellerie putzen, schälen, abspülen, abtropfen lassen und ebenfalls in feine Würfel schneiden.

2. Das Olivenöl in einer großen Pfanne erhitzen. Gehacktes hinzugeben und unter Rühren anbraten. Die Fleischklümpchen dabei mit einer Gabel zerdrücken.

3. Tomatenmark zugeben und ebenfalls mit anbraten. Lorbeerblatt, Zwiebel-, Knoblauch-, Gemüsewürfel und Tomaten zugeben. Die Zutaten gut miteinander verrühren, mit Salz, Pfeffer und Oregano würzen. Sauce zugedeckt etwa 15 Minuten bei schwacher Hitze kochen lassen.

TIPP:

Die Bolognese klassisch zu Spaghetti servieren. Dafür 400–500 g Spaghetti nach Packungsanleitung zubereiten, auf tiefen Tellern mit einer großen Gabel jeweils zu einem Nest drehen. Die Bolognese-Sauce in die Mitte geben und mit Parmesan bestreuen.

REZEPTABWANDLUNG:

Für eine **vegetarische Gemüse-Bolognese**
1 Zwiebel und 1 Knoblauchzehe abziehen, klein würfeln. 1 Möhre putzen, schälen. 1 Selleriestange putzen. Beides abspülen, abtropfen lassen und klein würfeln. 2 Zucchini abspülen, abtrocknen und die Enden abschneiden. 2 Tomaten abspülen, abtrocknen, vierteln, entkernen und die Stängelansätze herausschneiden. Zucchini und Tomaten sehr klein würfeln. 6 Esslöffel Olivenöl in einer Pfanne erhitzen. Zwiebel- und Knoblauchwürfel darin glasig dünsten. Möhren- und Selleriewürfel hinzugeben, 3–4 Minuten mitdünsten lassen. Zucchini- und Tomatenwürfel kurz mit andünsten, 100 ml Rotwein hinzugießen. 200 g passierte Tomaten (Tetrapak) mit 1 Teelöffel gehacktem Majoran oder Oregano hinzugeben, zum Kochen bringen, bei schwacher Hitze etwa 15 Minuten kochen lassen, bis das Gemüse weich ist. Die Gemüse-Bolognese mit Salz und Pfeffer abschmecken.

BRATNUDELN „ASIA“

Zubereitungszeit: 25 Minuten

ZUTATEN FÜR 2 PORTIONEN

100 g Instant-Mie-Nudeln
2 Möhren
1 Stange Lauch
2 EL Speiseöl, z. B. Rapsöl
2 gegrillte Putensteaks
1 EL Currypulver
2–3 EL Sojasauce
1 TL Instant-Gemüsebrühe
evtl. Salz
2 EL Erdnusskerne

PRO PORTION:

E: 59 g, F: 20 g, Kh: 48 g, kcal: 610

1. Die Instant-Mie-Nudeln nach Packungsanleitung zubereiten. Dann die Mie-Nudeln mit einer Gabel etwas auflockern.

2. In der Zwischenzeit die Möhren putzen, schälen, abspülen, abtropfen lassen und in dünne Scheiben schneiden. Den Lauch putzen, die Stange längs halbieren, gründlich waschen, abtropfen lassen und in Streifen schneiden.

3. Speiseöl in einer Pfanne erhitzen. Möhrenscheiben und Lauchstreifen darin unter gelegentlichem Rühren leicht anbraten. Die gegrillten Putensteaks in Streifen schneiden und zum Gemüse in die Pfanne geben. Curry auf die Gemüse-Fleisch-Mischung stäuben und unterrühren.

4. Sojasauce und ½ Tasse Wasser (etwa 75 ml) zugießen. Instant-Gemüsebrühe unterrühren. Die Zutaten kurz aufkochen, bis die Flüssigkeit fast vollständig verdampft ist. Dann die Mie-Nudeln vorsichtig unterrühren und unter gelegentlichem Rühren erhitzen.

5. Die Bratnudeln evtl. mit etwas Salz nachwürzen. Die Bratnudeln mit den Erdnusskernen bestreut servieren.

TIPP:

Da viele Sojasaucen recht salzig schmecken, ist es meist nicht notwendig, zusätzlich mit Salz zu würzen. Wer es schärfer mag, kann z. B. mit Sambal Oelek, der scharfen indonesischen Würzpaste auf Chili-Basis, vorsichtig nachwürzen.

BROKKOLI-NUDEL-SALAT MIT SESAMDRESSING

● Zubereitungszeit: 25 Minuten, ohne Abkühl- und Marinierzeit
+ Vegan

ZUTATEN FÜR 6 PERSONEN

FÜR DIE NUDELN:

Salz
200–250 g vegane Muschelnudeln (oder andere Pasta nach Wahl)

FÜR DEN SALAT:

500 g Brokkoli
2 Schalotten
1 große Knoblauchzehe
30 g getrocknete Tomatenhälften, in Öl
125 ml mildes Olivenöl
gem. Pfeffer
ger. Muskatnuss
100 g kleine rosé Champignons
140 g Gemüsemais (abgetropft, aus der Dose)
1–2 TL Schwarzkümmel

FÜR DAS SESAMDRESSING:

100 ml kräftige Gemüsebrühe (Instant)
100 ml Pflanzendrink (z. B. Hafer-, Dinkel- oder Reisdrink)
1 ½ EL Zitronensaft
1–2 TL milder Senf
1 EL geschälte Sesamsamen
2 EL geröstetes Sesamöl

PRO PORTION:

E: 10 g, F: 27 g, Kh: 36 g, kcal: 444

1. Für die Nudeln Wasser in einem Topf zugedeckt zum Kochen bringen. Dann Salz und Nudeln zugeben. Die Nudeln im geöffneten Topf bei mittlerer Hitze nach Packungsanleitung bissfest kochen, dabei gelegentlich umrühren.

2. Brokkoli putzen, abspülen und abtropfen lassen. Brokkoli in Röschen teilen, die dicken Stiele schälen und klein schneiden. Schalotten und Knoblauch abziehen und würfeln. Tomaten abtropfen lassen, in Streifen schneiden.

3. Vom Olivenöl 1 Esslöffel in einem Topf erhitzen. Schalotten und Knoblauch darin glasig dünsten. Brokkoli, Tomaten und etwa 3 Esslöffel Wasser zugeben. Mit Salz, Pfeffer und Muskat würzen. Den Brokkoli zugedeckt bissfest dünsten. Brokkoli und Tomatenstreifen abgießen und abtropfen lassen.

4. Für das Sesamdressing Gemüsebrühe, Pflanzendrink, Zitronensaft, Senf, Salz, Pfeffer und Sesamsamen in einen Mixer geben. Kräftig durchmixen, dabei nach und nach Sesamöl und übriges Olivenöl untermixen, bis ein cremiges Dressing entsteht.

5. Nudeln in ein Sieb geben, mit kaltem Wasser abspülen und abtropfen lassen. Mit dem Dressing, Brokkoli und Tomatenstreifen in einer Schüssel mischen. Abkühlen lassen.

6. Pilze putzen, evtl. kurz abspülen und trocken tupfen. Pilze blättrig schneiden.

7. Nudeln-Brokkoli-Mischung mit Salz und Pfeffer abschmecken, evtl. noch etwas Brühe untermischen. Pilze und Mais untermischen. Mit Schwarzkümmelsamen bestreuen.

CANNELLONI AUF BLATTSPINAT

◷ Zubereitungszeit: 40 Minuten
Garzeit: etwa 25 Minuten
+ Vegetarisch

ZUTATEN FÜR 4 PORTIONEN

FÜR DEN SPINAT:

1 Zwiebel
1 EL Olivenöl
600 g TK-Blattspinat
Salz
gem. Pfeffer
ger. Muskatnuss

FÜR DIE SAUCE:

60 g Butter
40 g Weizenmehl
375 ml Milch (1,5 % Fett)
125 g Schlagsahne
60 g ger. Parmesan

etwa 125 g Cannelloni
(ohne Vorgaren)

FÜR DEN BELAG:

60 g ger. Parmesan
40 g Butter

PRO PORTION:

E: 23 g, F: 47 g, Kh: 36 g, kcal: 667

1. Zwiebel abziehen, halbieren und fein würfeln. Olivenöl in einem Topf erhitzen. Zwiebelwürfel darin glasig dünsten. Spinat unaufgetaut zufügen, etwas Wasser dazugießen. Den TK-Spinat etwa 15 Minuten dünsten, mit Salz, Pfeffer und Muskat würzen. Spinat eventuell in einem Sieb abtropfen lassen und in eine große Auflaufform (gefettet) geben.

2. Für die Sauce Butter in einem Topf zerlassen. Mehl darin unter Rühren so lange erhitzen, bis es hellgelb ist. Nach und nach Milch und Sahne hinzugießen, mit einem Schneebesen durchschlagen. Dabei darauf achten, dass keine Klümpchen entstehen.

3. Den Backofen vorheizen.
Ober-/Unterhitze: etwa 200 °C
Heißluft: etwa 180 °C

4. Die Sauce zum Kochen bringen und etwa 2 Minuten unter gelegentlichem Rühren kochen lassen. Sauce mit Salz und Pfeffer würzen. Etwa ein Drittel der Sauce mit dem Käse verrühren. Restliche Sahnesauce mit dem Parmesan beiseitestellen. Die Hälfte der Käsesauce auf den Spinat geben.

5. Restliche Käsesauce in einen Spritzbeutel füllen und in die Cannelloni spritzen. Dazu die Cannelloni in die Form legen, ein Nudelröhrchen leicht schräg anheben und mit etwas Sauce füllen.

6. Die gefüllten Cannelloni mit der beiseitegestellten Sahnesauce übergießen und mit Käse bestreuen. Butter in Flöckchen daraufsetzen.

7. Die Form auf dem Rost in den vorgeheizten Backofen schieben. Cannelloni auf Blattspinat **etwa 25 Minuten garen.**

TIPP:

Nach Belieben die Cannelloni noch einige Minuten unter dem vorgeheizten Grill überbacken und dadurch bräunen.

CANNELLONI MIT HIMBEERSAUCE

Zubereitungszeit: 40 Minuten, ohne Abkühlzeit
Backzeit: etwa 50 Minuten
+ Vegetarisch

ZUTATEN FÜR 12 PORTIONEN

FÜR DIE FÜLLUNG:

300 g Marzipan-Rohmasse
3 Eiweiß (Größe M)
1 Prise Salz
90 g Zucker
3 Eigelb (Größe M)
600 g Speisequark (20 % Fett)
1 Pck. Geriebene Zitronenschale
3 EL Sirup mit Mandel-Aroma
75 g geröstete, gestiftelte Mandeln

FÜR DIE VANILLECREME:

3 Eigelb (Größe M)
1 Ei (Größe M)
50 g Zucker
1 Prise Salz
20 g Speisestärke
750 ml Milch (3,5 % Fett)
2 Pck. Bourbon-Vanille-Zucker
200 g Schmand (Sauerrahm)

ZUSÄTZLICH:

24 helle Cannelloni-Nudelröhren (250 g)
5 EL gehobelte Mandeln
Puderzucker zum Bestäuben

FÜR DIE HIMBEERSAUCE:

600 g Himbeeren (frisch oder TK)
etwa 50 g Puderzucker
Saft von 1 Zitrone

PRO PORTION:

E: 22 g, F: 28 g, Kh: 59 g, kcal: 580

1. Für die Füllung Marzipan grob raspeln. Eiweiß mit Salz und 50 g von dem Zucker sehr steif schlagen. Eigelb mit restlichem Zucker mit einem Mixer (Rührstäbe) dickschaumig schlagen. In einer anderen Schüssel Quark, Zitronenschale, Sirup, Mandeln und Marzipan gut verrühren. Eigelbcreme und Eischnee unterziehen. Quarkcreme in einen Spritzbeutel mit großer Lochtülle füllen.

2. Für die Vanillecreme Eigelb mit Ei, Zucker, Salz und Speisestärke mit dem Mixer (Rührstäbe) dicklich aufschlagen. Milch mit Vanille-Zucker in einem Topf zum Kochen bringen. Dann die Vanillemilch nach und nach mit dem Mixer (Rührstäbe) auf niedrigster Stufe unter die Eigelbmischung rühren. Die Eigelbmilch zurück in den Topf gießen, unter kräftigem Rühren mit einem Schneebesen kurz aufkochen lassen. Den Topf von der Kochstelle nehmen.

3. Den Backofen vorheizen.
Ober-/Unterhitze: etwa 160 °C

4. Schmand unter die Vanillecreme rühren, dann etwas Vanillecreme in 2 oder 3 Auflaufformen verteilen. Die Marzipan-Quark-Creme in die Cannelloni spritzen, in den Auflaufformen verteilen. Restliche Vanillecreme daraufgeben, glatt streichen, mit Mandelblättchen bestreuen. Die Formen nacheinander auf dem Rost in den vorgeheizten Backofen (unterste Schiene) schieben. Cannelloni **etwa 50 Minuten goldgelb backen.** Nach etwa 20 Minuten mit Backpapier abdecken, damit die Vanillecreme nicht zu dunkel wird.

5. Für die Sauce inzwischen Himbeeren verlesen, evtl. kurz abspülen und trocken tupfen (TK-Himbeeren auftauen lassen). Die Himbeeren mit Puderzucker, Zitronensaft und 75 ml Wasser fein pürieren, durch ein feines Sieb streichen und mit etwas Zucker und Zitronensaft abschmecken.

6. Die Auflaufformen auf einen Kuchenrost stellen und Cannelloni erkalten lassen. Mit Puderzucker bestäubt servieren, Himmbeersauce dazureichen.

CANNELLONI MIT MOHNFÜLLUNG

Zubereitungszeit: 30 Minuten
Garzeit: etwa 35 Minuten
+ Vegetarisch

ZUTATEN FÜR 6 PORTIONEN

FÜR DIE FÜLLUNG:

250 g backfertige Mohnfüllung
20 g Hartweizengrieß
2 Eier (Größe M)
300 g Doppelrahm-Frischkäse
350 g abgetropfte Mandarinen (aus der Dose)
20 Cannelloni (etwa 200 g) ohne Vorkochen

FÜR DEN GUSS:

3 Eier (Größe M)
250 ml Milch (3,5 % Fett)
200 g Schlagsahne
30 g Zucker
1 Msp. Geriebene Zitronenschale

FÜR DIE SAUCE:

2 gestr. EL Speisestärke
500 ml Orangensaft
100 g Orangenmarmelade
2–3 EL Zitronensaft
1–2 EL Zucker

PRO PORTION:

E: 23 g, F: 41 g, Kh: 87 g, kcal: 825

1. Den Backofen vorheizen.
Ober-/Unterhitze: etwa 200 °C
Heißluft: etwa 180 °C

2. Für die Füllung die Mohnmasse mit Grieß, Eiern und Frischkäse in eine Rührschüssel geben und mit einem Mixer (Rührstäbe) verrühren, Mandarinen unterheben.

3. Die Masse in einen Spritzbeutel ohne Tülle geben, in die Cannelloni spritzen und in eine flache Auflaufform (etwa 2 ½ Liter Inhalt) legen.

4. Für den Guss Eier mit Milch, Sahne, Zucker und Zitronenschale verrühren. Die Cannelloni damit übergießen, Cannelloni sollten mit dem Guss bedeckt sein. Die Form auf dem Rost in den vorgeheizten Backofen schieben. Die Cannelloni **etwa 35 Minuten garen.**

5. Für die Sauce Speisestärke mit 100 ml Orangensaft anrühren. Marmelade mit restlichem Orangen- und Zitronensaft in einem Topf zum Kochen bringen. Angerührte Speisestärke in den von der Kochstelle genommenen Saft rühren und unter Rühren aufkochen lassen. Mit Zucker abschmecken. Die Sauce heiß oder kalt zu den Cannelloni servieren.

CANNELLONI MIT TOMATEN UND ZIEGENKÄSE

Zubereitungszeit: 30 Minuten
Garzeit: etwa 30 Minuten
+ Vegetarisch

ZUTATEN FÜR 4 PORTIONEN

FÜR DIE SAUCE:

2–3 Zwiebeln (etwa 220 g)
3 Knoblauchzehen
4 EL Olivenöl
Salz
gem. Pfeffer
grob geschrotete Chiliflocken
200 g Schlagsahne

FÜR DIE FÜLLUNG:

4–5 Stängel frische Minze
300 g Ziegenfrischkäse (45 % Fett)
2 Eigelb (Größe M)
3 EL Semmelbrösel
400 g Zucchini

300–400 g frischer, hauchdünn ausgerollter Nudelteig (aus dem Kühlregal)
300 g Cocktailtomaten

75 g junger Pecorino oder Parmesan, am Stück

PRO PORTION:

E: 26 g, F: 48 g, Kh: 71 g, kcal: 833

1. Für die Sauce Zwiebeln abziehen, zuerst in Scheiben schneiden, dann in Ringe teilen. Knoblauch abziehen und in feine Scheiben schneiden. Olivenöl in einer Pfanne erhitzen. Die Knoblauchscheiben darin goldgelb rösten und auf Küchenpapier abtropfen lassen. Die Zwiebelringe in dem verbliebenen Olivenöl goldbraun anbraten, mit Salz, Pfeffer und 1 Prise Chili würzen. Sahne hinzugießen, zum Kochen bringen und bei schwacher Hitze 1–2 Minuten leicht einkochen lassen.

2. Für die Füllung Minze abspülen, trocken tupfen und die Blättchen von den Stängeln zupfen. Blättchen in feine Streifen schneiden. Frischkäse mit Eigelb und Semmelbröseln glatt rühren. Minze, etwas Salz, Pfeffer und die vorbereiteten Knoblauchscheiben unterrühren, mit den Gewürzen abschmecken und kurz stehen lassen.

3. Inzwischen etwas von der Zwiebelsauce in eine Auflaufform (etwa 30 x 20 cm) geben. Zucchini abspülen, abtrocknen und die Enden abschneiden. Zucchini auf einer Haushaltsreibe grob raspeln. Zucchiniraspel unter die Frischkäsemasse rühren, nochmals kräftig mit Salz, Pfeffer und evtl. Chili würzen.

4. Den Backofen vorheizen.
Ober-/Unterhitze: etwa 200 °C
Heißluft: etwa 180 °C

5. Den Nudelteig auf einer Arbeitsfläche auf dem Backpapier entrollen. Evtl. noch etwas dünner ausrollen, dann in etwa 10 x 30 cm lange Streifen schneiden. Die Teigstreifen jeweils dünn mit der Frischkäse-Zucchini-Masse bestreichen, dann jeweils von der kurzen Seite aus aufrollen und dicht nebeneinander in die Auflaufform setzen.

6. Tomaten abspülen, abtrocknen und in grobe Stücke schneiden, mit etwas Salz und Pfeffer würzen und auf den Cannelloni verteilen. Die restliche Zwiebelsauce darauf verstreichen. Den Pecorino bzw. Parmesan daraufreiben.

7. Die Form auf dem Rost in den vorgeheizten Backofen schieben. Tomaten-Ziegenkäse-Cannelloni **in etwa 35 Minuten goldbraun backen.**

Pasta
to go

CASARECCE-PASTA TO GO

◷ Zubereitungszeit: 30 Minuten
Abkühl- und Marinierzeit: etwa 2 Stunden

ZUTATEN FÜR 4 PORTIONEN

Meersalz
200 g Casarecce-Pasta für Salate
(oder alternativ z. B. Gnoccetti)
20 g gehobelte Haselnusskerne
100 g hauchdünne Scheiben Frühstücksspeck
(Bacon)
etwa 110 ml heiße Gemüsebrühe (Instant)
6 EL Zitronensaft
1 Prise Zucker, gem. Pfeffer
4 EL Olivenöl
1 Knoblauchzehe
1 Bund Schnittlauch
200 g Ringelbete
(alternativ gelbe Bete oder Möhren)
1–2 feine Stangen Staudensellerie (etwa 120 g)
4 mittelgroße Frühlingszwiebeln

150 g Gorgonzola
150 g Joghurt (3,5 % Fett)

PRO PORTION:

E: 20 g, F: 44 g, Kh: 44 g, kcal: 664

1. Wasser in einem großen Topf zugedeckt zum Kochen bringen. Meersalz und Nudeln hinzugeben. Die Nudeln im geöffneten Topf bei mittlerer Hitze nach Packungsanleitung bissfest kochen, dabei gelegentlich umrühren.

2. In der Zwischenzeit Haselnusskerne in einer Pfanne ohne Fett unter Rühren anrösten, herausnehmen und auf einen Teller geben. Speckscheiben in der Pfanne bei mittlerer Hitze knusprig rösten, herausnehmen und auf Küchenpapier erkalten lassen.

3. Das entstandene Bratfett evtl. etwas abgießen. Dann 3 Esslöffel Brühe und 4 Esslöffel Zitronensaft in die Pfanne geben, kurz erhitzen. Mit Zucker, Salz, Pfeffer und 2 Esslöffeln Olivenöl in einer Schüssel verrühren. Knoblauch abziehen, fein würfeln und mit etwas Meersalz bestreut fein zerreiben. Schnittlauch abspülen, trocken tupfen und in feine Röllchen schneiden. Schnittlauchröllchen und Knoblauch unter das Dressing rühren.

4. Anschließend die gegarten Nudeln in ein Sieb geben, mit heißem Wasser abspülen, abtropfen lassen und mit dem Dressing gut vermischen. Die Nudeln erkalten lassen.

5. Ringelbete schälen, evtl. kurz abspülen, trocken tupfen und in feine Scheiben hobeln oder schneiden. Restliches Olivenöl in der gesäuberten Pfanne erhitzen. Ringelbetescheiben darin andünsten, mit Meersalz und Pfeffer würzen. Restlichen Zitronensaft hinzugeben und alles zugedeckt einige Minuten bissfest dünsten. Dabei gelegentlich vorsichtig wenden.

6. Staudensellerie putzen, abspülen, abtropfen lassen und in feine Scheiben schneiden. Selleriescheiben zu den Ringelbetescheiben geben und 1–2 Minuten mit andünsten. Frühlingszwiebeln putzen, abspülen, trocken tupfen und fein schneiden. Frühlingszwiebeln unter die Nudeln mischen. Nudeln nochmals mit Salz, Pfeffer und evtl. noch etwas Brühe und Zitronensaft abschmecken.

7. Gorgonzola evtl. entrinden und grob würfeln, mit Joghurt und 50 ml heißer Brühe in einen hohen schmalen Mixbecher geben. Mit dem Pürierstab glatt durchmixen. Dressing mit etwas Pfeffer abschmecken. Speckscheiben in Stücke brechen.

8. Pastasalat nochmals abschmecken, mit Ringelbete, Frühlingszwiebeln, Speck und Nüssen in To-Go-Gläsern anrichten. Gorgonzola-Dip daraufgeben oder getrennt dazu transportieren.

DINKELNUDELN

◷ Zubereitungszeit: etwa 15 Minuten, ohne Ruhe- und Trockenzeit
+ Vegetarisch

ZUTATEN FÜR 4 PORTIONEN:

FÜR DEN DINKELNUDELTEIG (IM FOTO LINKS):

225 g Dinkelmehl (Type 630)
75 g Hartweizengrieß
2 Eier (Größe M)
1 TL Olivenöl
Salz

ZUSÄTZLICH:

etwas Mehl zum Bestäuben

PRO PORTION:

E: 12 g, F: 4 g, Kh: 54 g, kcal: 311

1. Für den Dinkelnudelteig Mehl mit Grieß in einer Rührschüssel vermischen. Eier, 4 EL kaltes Wasser, Öl und 1 TL Salz hinzufügen, mit dem Mixer (Knethaken) zunächst kurz auf niedrigster, dann auf höchster Stufe gut durcharbeiten.

2. Dann das Ganze aus der Schüssel nehmen und auf der Arbeitsfläche zu einem glatten Teig verkneten. Den Teig in Frischhaltefolie gewickelt etwa 30 Minuten bei Zimmertemperatur ruhen lassen.

3. Die Arbeitsfläche dünn mit Mehl bestäuben und den Teig darauf etwa 2 mm dünn (etwa 35 x 40 cm) ausrollen.

4. Die Nudeln in gewünschter Länge und Breite ausschneiden. Für Schmetterlingsnudeln z. B. den Teig in etwa 5 cm breite Streifen schneiden. Die Teigstreifen in je 2 ½ cm lange Stücke schneiden und in der Mitte leicht zusammendrücken (wie Schmetterlinge) „Schmetterlings“- Nudeln mit etwas Abstand auf einem Geschirrtuch etwa 30 Minuten trocknen lassen.

5. Wasser in einem großen Topf zugedeckt zum Kochen bringen. Dann Salz und die Nudeln zugeben. Die Nudeln im geöffneten Topf bei mittlerer Hitze in 4–6 Minuten bissfest kochen, dabei gelegentlich umrühren (je trockener die Nudeln sind, desto länger die Garzeit). Anschließend die Nudeln in ein Sieb geben, mit heißem Wasser abspülen und abtropfen lassen.

REZEPTABWANDLUNG:

Für **Vollkornnudeln** (4 Portionen, im Foto rechts und oben) 300 g Weizen-Vollkornmehl in eine Rührschüssel geben. 2 Eier (Größe M), 6 Esslöffel Wasser und 1 gestrichenen Teelöffel Salz hinzufügen, mit dem Mixer (Knethaken) zunächst kurz auf niedrigster, dann auf höchster Stufe gut durcharbeiten. Dann den Teig wie im Rezept ab Punkt 2 beschrieben weiterverarbeiten.

ENTENBRUST MIT PENNE-NUDELN

Zubereitungszeit: 30 Minuten

ZUTATEN FÜR 4 PORTIONEN

2 kleine Entenbrustfilets (etwa 500 g)
Salz
200 g Zuckerschoten
1 Bund Frühlingszwiebeln
1 Mango (etwa 400 g)
300–350 g Penne
gem. Pfeffer

FÜR DIE SAUCE:

1 geh. TL Weizenmehl
2–3 TL mildes Currypulver
400 ml ungesüßte Kokosmilch (aus der Dose)
grob geschroteter Chili

PRO PORTION:

E: 37 g, F: 29 g, Kh: 79 g, kcal: 733

1. Die Entenbrustfilets mit Küchenpapier abtupfen. Von den Filets die Hautschichten ablösen. Die Entenhaut in etwa 1 cm breite Streifen schneiden und in einer Pfanne ohne Fett bei mittlerer Hitze knusprig ausbraten, leicht mit Salz würzen.

2. In der Zwischenzeit Zuckerschoten putzen, abspülen, abtropfen lassen und schräg in Stücke schneiden. Frühlingszwiebeln putzen, abspülen, abtropfen lassen und in 3 cm breite Stücke schneiden.

3. Von der Mango das Fruchtfleisch vom Stein schneiden und schälen. Das Fruchtfleisch in Stücke schneiden.

4. Wasser in einem großen Topf zugedeckt zum Kochen bringen. Dann Salz und Nudeln zugeben. Die Nudeln im geöffneten Topf bei mittlerer Hitze nach Packungsanleitung bissfest kochen, dabei gelegentlich umrühren.

5. Inzwischen die Entenbrustfilets in etwa 1 cm breite Scheiben schneiden. Die gebratene Entenhaut aus der Pfanne nehmen und auf Küchenpapier abtropfen lassen. Die Entenscheiben in dem verbliebenen Bratfett von beiden Seiten kurz und kräftig anbraten. Mit Salz und Pfeffer würzen. Die Filetscheiben aus der Pfanne nehmen, auf einen vorgewärmten Teller legen und mit Alufolie zugedeckt warm stellen.

6. Den größten Teil des Bratfetts aus der Pfanne gießen. Frühlingszwiebelstücke in dem restlichen Bratfett unter Rühren andünsten. Mit Mehl und Curry bestäuben, kurz mitdünsten. Mit Kokosmilch ablöschen und zum Kochen bringen.

7. Die Sauce kräftig mit Salz, Pfeffer und Chili würzen. Zuckerschotenstücke hinzugeben und etwa 2 Minuten bei schwacher Hitze mitkochen lassen. Dann Mangostücke und Fleischscheiben mit dem ausgetretenen Fleischsaft hinzugeben, wieder zum Kochen bringen und weitere etwa 2 Minuten bei schwacher Hitze kochen lassen.

8. Inzwischen die gegarten Nudeln in ein Sieb geben, mit heißem Wasser abspülen und abtropfen lassen. Die Nudeln mit der Entenbrust, der fruchtigen Currysauce und der knusprigen Entenhaut auf Tellern anrichten.

FARFALLE MIT TOMATEN-PESTO-RAGOUT

Zubereitungszeit: 25 Minuten
Backzeit: etwa 15–20 Minuten

ZUTATEN FÜR 4 PORTIONEN

FÜR DIE NUDELN:

Salz
250 g Farfalle

FÜR DAS RAGOUT:

300 g Hähnchenbrustfilet
gem. Pfeffer
½ Bund Frühlingszwiebeln
4 Fleischtomaten
1 Aubergine (etwa 300 g)
2 EL Olivenöl
1 Prise Zucker
3 EL Basilikum-Pesto (aus dem Glas)

FÜR DEN BELAG:

125 g Mozzarella
4–5 EL ger. Parmesan

PRO PORTION:

E: 42 g, F: 26 g, Kh: 57 g, kcal: 644

1. Für die Nudeln Wasser in einem großen Topf zugedeckt zum Kochen bringen. Dann Salz und Nudeln zugeben. Die Nudeln im geöffneten Topf bei mittlerer Hitze nach Packungsanleitung bissfest kochen, dabei gelegentlich umrühren. Anschließend die Nudeln in ein Sieb geben, mit heißem Wasser abspülen und abtropfen lassen.

2. In der Zwischenzeit für das Ragout Hähnchenbrustfilet mit Küchenpapier abtupfen und in schmale Streifen schneiden. Hähnchenstreifen mit Salz und Pfeffer würzen.

3. Die Frühlingszwiebeln putzen, abspülen, abtropfen lassen und in Scheiben schneiden. Tomaten abspülen, trocken tupfen, halbieren und die Stängelansätze herausschneiden. Tomatenhälften in grobe Stücke schneiden. Aubergine abspülen, abtrocknen und den Stängelansatz abschneiden. Die Aubergine in Würfel schneiden.

4. Den Backofen vorheizen.
Ober-/Unterhitze: etwa 180 °C
Heißluft: etwa 160 °C

5. Einen Esslöffel Olivenöl in einer Pfanne erhitzen. Die Hähnchenfleischstreifen und Frühlingszwiebelscheiben darin kräftig unter Rühren anbraten und herausnehmen. Restliches Olivenöl zum verbliebenen Bratfett in die Pfanne geben und erhitzen. Auberginenwürfel darin kräftig anbraten. Tomatenstücke zugeben und mit den Auberginenwürfeln etwa 4 Minuten unter Rühren dünsten, mit Salz, Pfeffer und Zucker würzen. Pesto unterrühren.

6. Die Nudeln mit den Hähnchenfleischstreifen, Frühlingszwiebelscheiben und dem Tomaten-Ragout in einer Auflaufform (gefettet) gut vermischen. Mozzarella in feine Scheiben schneiden und darauf verteilen und mit Parmesan bestreuen.

7. Die Form auf dem Rost in den vorgeheizten Backofen schieben. Den Auflauf **15–20 Minuten überbacken.**

TIPP:

Schneller geht's, wenn Sie einfach 200 g Kochschinken in Streifen unter das Tomaten-Ragout mischen.

eat
me

FARFALLE-SCHICHTSALAT

◷ Zubereitungszeit: 60 Minuten, ohne Abkühlzeit
+ Vegetarisch

ZUTATEN FÜR 12 PORTIONEN

FÜR DIE NUDELN:

Salz
500 g bunte Farfalle

FÜR DEN SALAT:

750 g TK-Romanesco-Mix-Gemüse (z.B. mit Romanesco, Bohnen, Pariser Karotten)
600 g Tomaten
250 g Schafskäse
1 Zwiebel
2–3 Knoblauchzehen
500 g Joghurt
200 g Kräuter-Doppelrahm-Frischkäse
150 g Kräuter Crème fraîche
1 EL frische, gehackte Basilikumblättchen
gem. Pfeffer

ZUM BESTREUEN:

einige Basilikumblättchen

PRO PORTION:

E: 16 g, F: 17 g, Kh: 37 g, kcal: 378

1. Für die Nudeln Wasser in einem großen Topf zugedeckt zum Kochen bringen. Dann Salz und Nudeln zugeben. Die Nudeln im geöffneten Topf bei mittlerer Hitze nach Packungsanleitung bissfest kochen, dabei gelegentlich umrühren. Anschließend die Nudeln in ein Sieb geben, mit heißem Wasser abspülen und abtropfen lassen.

2. Für den Salat 300 ml Wasser in einem Topf zum Kochen bringen. Dann 1 gestrichenen Teelöffel Salz und das gefrorene Gemüse zugeben, wieder zum Kochen bringen und etwa 5 Minuten garen. Das Gemüse in ein Sieb geben, abtropfen und erkalten lassen.

3. Tomaten abspülen, abtrocknen, halbieren und die Stängelansätze herausschneiden. Tomatenhälften in Scheiben schneiden. Schafskäse würfeln. Zwiebel und Knoblauch abziehen, in kleine Würfel schneiden.

4. Joghurt mit Frischkäse, Crème fraîche und Basilikum verrühren. Zwiebel- und Knoblauchwürfel unterrühren. Die Sauce mit Pfeffer abschmecken.

5. Die vorbereiteten Salatzutaten in einer großen, hohen Glasschüssel einschichten. Dazu der Reihe nach ein Drittel Sauce, Nudeln, Gemüse, Tomatenscheiben und Schafkäsewürfel einschichten, noch zweimal wiederholen.

6. Zum Bestreuen Basilikumblättchen abspülen, trocken tupfen und in Streifen schneiden. Den Salat mit Basilikumstreifen bestreuen, kalt stellen und gut durchziehen lassen.

FETTUCCINE ALLA FINOCCHIONA

Zubereitungszeit: 30 Minuten

ZUTATEN FÜR 4 PORTIONEN

FÜR DAS FENCHELGEMÜSE:

2 Knoblauchzehen
2 Schalotten
700 g Fenchelknollen
1 Stängel Rosmarin
(ersatzweise 1 TL getrockneter Rosmarin)
1 Bio-Zitrone (unbehandelt, ungewachst)
120 g feine Scheiben Finocchiona
(Fenchelsalami aus der Toskana)
2 EL Butter
1 TL Zucker
Salz
gem. Pfeffer
200 g Schlagsahne

350 g Fettuccine (schmale Bandnudeln)

ZUM SERVIEREN:

etwa 40 g Parmesan, am Stück

PRO PORTION:

E: 24 g, F: 37 g, Kh: 71 g, kcal: 736

1. Für das Fenchelgemüse Knoblauch und Schalotten abziehen und fein würfeln. Vom Fenchel das zarte Grün abschneiden und beiseitelegen. Fenchelknollen putzen, abspülen, abtropfen lassen, halbieren und den harten Stielansatz herausschneiden. Fenchel in feine Streifen schneiden.

2. Rosmarin abspülen, trocken tupfen und die Nadeln vom Stängel zupfen. Nadeln fein hacken. Zitrone heiß abwaschen, abtrocknen und etwas Schale fein abreiben. Die Zitrone halbieren und den Saft auspressen.

3. Eine große, beschichtete Pfanne nicht zu stark erhitzen. Die Salamischeiben darin unter mehrmaligem Wenden knusprig rösten, anschließend auf Küchenpapier abtropfen lassen.

4. Anschließend Butter in der Pfanne zerlassen. Knoblauch und Schalottenwürfel darin glasig dünsten. Fenchel zugeben und unter Wenden andünsten. Rosmarin, Zucker, Zitronenschale und -saft zugeben, mit Salz und Pfeffer würzen. Den Fenchel unter gelegentlichem Wenden bei schwacher Hitze zugedeckt etwa 5 Minuten schmoren. Dann die Sahne dazugießen und offen leicht sämig einkochen lassen.

5. Inzwischen Wasser in einem großen Topf zugedeckt zum Kochen bringen. Dann Salz und Nudeln zugeben. Die Nudeln im geöffneten Topf bei mittlerer Hitze nach Packungsanleitung bissfest kochen, dabei gelegentlich umrühren. Anschließend die Nudeln in ein Sieb geben, mit heißem Wasser abspülen und abtropfen lassen.

6. Die Nudeln unter das Fenchelgemüse mischen, mit Salz und Pfeffer abschmecken. Nudeln und Fenchel mit den knusprigen Salamischeiben und frisch gehobeltem Parmesan anrichten. Fenchelgrün abspülen, trocken tupfen und fein schneiden. Die Nudeln damit garnieren.

GEBRATENE EIERNUDELN MIT GARNELEN

Zubereitungszeit: 35 Minuten

ZUTATEN FÜR 4 PORTIONEN

ZUM VORBEREITEN:

350 g Hähnchenbrustfilet
2 TL Sambal Oelek
2 EL Sojasauce
1 TL Speisestärke
200 g Eier-Bandnudeln
150 g kleine Garnelen (ohne Schale)

250 g Champignons
1 Zwiebel
1 Knoblauchzehe
1 gelbe Paprikaschote
280 g abgetropfte Bambussprossen, in Scheiben (aus der Dose)
6 EL Sojaöl
2 EL Currypulver
Salz

PRO PORTION:

E: 40 g, F: 18 g, Kh: 42 g, kcal: 498

1. Zum Vorbereiten Hähnchenbrustfilet mit Küchenpapier abtupfen und in feine Streifen schneiden. Danach die Hähnchenfleischstreifen mit Sambal Oelek, Sojasauce und Speisestärke sorgfältig vermischen.

2. Eier-Bandnudeln nach Packungsanleitung zubereiten. Anschließend in einem Sieb gut abtropfen lassen.

3. In der Zwischenzeit Garnelen mit Küchenpapier abtupfen.

4. Champignons putzen, evtl. kurz abspülen und trocken tupfen, dann in Scheiben schneiden. Zwiebel und Knoblauch abziehen, in kleine Würfel schneiden.

5. Paprikaschote halbieren, entstielen, entkernen und die weißen Scheidewände entfernen. Schote abspülen, abtropfen lassen und dann in feine Streifen schneiden. Bambussprossen in einem Sieb abtropfen lassen.

6. Sojaöl in einem Wok erhitzen. Hähnchenfleischstreifen darin unter Rühren anbraten. Champignonscheiben und Paprikastreifen zugeben und ebenfalls anbraten.

7. Zwiebel-, Knoblauchwürfel und Garnelen unterrühren und kurz mitgaren lassen. Curry unterrühren. Bambussprossen und Nudeln unterheben. Die Zutaten kurz erwärmen, eventuell mit Salz abschmecken. Gebratene Eiernudeln mit Hähnchen und Garnelen sofort servieren.

TIPP:

Statt der Eiernudeln können auch Wok-Nudeln für die Zubereitung des Gerichts verwendet werden, dann die Packungsanleitung des Herstellers beachten.

GEBRATENE MIE-NUDELN MIT PUTENSTREIFEN

Zubereitungszeit: 30 Minuten, ohne Einweichzeit

ZUTATEN FÜR 4 PORTIONEN

15 g getrocknete Mu-Err-Pilze
250 g Mie-Nudeln (asiatische Instant-Nudeln)
300 g Putenbrustschnitzel
1 EL Austernsauce
1 TL China-Gewürzzubereitung
1 TL gem. Kreuzkümmel (Cumin)
1 TL Speisestärke
250 g Möhren
2 Stangen Lauch
6 EL Sojaöl
2 EL Sojasauce
1 EL Sambal Sauce (feurig-scharf) oder ½ TL Sambal Oelek

PRO PORTION:

E: 28 g, F: 17 g, Kh: 55 g, kcal: 483

1. Mu-Err-Pilze nach Packungsanleitung einweichen. Mie-Nudeln nach Packungsanleitung zubereiten. Anschließend in einem Sieb abtropfen lassen. Mie-Nudeln nach Belieben mit einer Küchenschere in mundgerechte Stücke schneiden.

2. Putenbrustschnitzel mit Küchenpapier abtupfen und in dünne Streifen schneiden. Dann die Fleischstreifen mit Austernsauce, China-Gewürzzubereitung, Kreuzkümmel und Speisestärke vermischen.

3. Möhren putzen, schälen, abspülen, abtropfen lassen und in dünne Scheiben schneiden. Lauch putzen, die Stangen längs halbieren, gründlich waschen und abtropfen lassen. Lauchstangen in etwa 1 cm lange Stücke schneiden. Mu-Err-Pilze abtropfen lassen, eventuell harte Stellen abschneiden. Pilze in Streifen schneiden.

4. Etwa die Hälfte des Sojaöls in einem Wok erhitzen. Mie-Nudeln darin kurz unter Rühren anbraten, herausnehmen und warm stellen. Restliches Sojaöl in dem Wok erhitzen. Putenfleischstreifen darin unter Rühren anbraten.

5. Möhrenscheiben zufügen und kurz mitbraten lassen. Dann Pilzstreifen und Lauchstücke unterrühren, 1–2 Minuten mitgaren. Mie-Nudeln unterheben und kurz erwärmen. Mit Sojasauce und Sambal Sauce oder Sambal Oelek abschmecken. Sofort servieren.

GEFÜLLTE MUSCHELNUDELN

Zubereitungszeit: 35 Minuten, ohne Auftauzeit
Garzeit: etwa 40 Minuten

ZUTATEN FÜR 4 PORTIONEN

400 g TK-Lachsfilet
1 Ei (Größe M)
1 EL Kapern (aus dem Glas)
gem. Pfeffer
etwas Zitronensaft
2 Bund Dill

FÜR DIE NUDELN:

Salz
30 große oder 60 mittelgroße Muschelnudeln (etwa 200 g)

FÜR DIE SAUCE:

50 g Butter oder Margarine
3 Schalotten
100 ml Weißwein
250 ml Gemüse- oder Fischfond
400 g Schlagsahne
25 g Weizenmehl
1 geh. EL körniger Senf

PRO PORTION:

E: 32 g, F: 46 g, Kh: 48 g, kcal: 904

1. Lachsfilet nach Packungsanleitung auftauen lassen.

2. Für die Nudeln Wasser in einem großen Topf zugedeckt zum Kochen bringen. Dann Salz und Nudeln zugeben. Die Nudeln im geöffneten Topf bei mittlerer Hitze nach Packungsanleitung nur gerade eben bissfest kochen, dabei gelegentlich umrühren. Anschließend die Nudeln in ein Sieb geben, mit kaltem Wasser abspülen und abtropfen lassen.

3. Den Backofen vorheizen.
Ober-/Unterhitze: etwa 200 °C
Heißluft: etwa 180 °C

4. Lachsfilet mit Küchenpapier abtupfen und mit einem Stabmixer pürieren. Lachspüree mit dem Ei und den abgetropften Kapern verrühren. Mit Salz, Pfeffer und Zitronensaft würzen.

5. Dill abspülen und trocken tupfen. Die Spitzen von den Stängeln zupfen. Spitzen klein schneiden. Die Hälfte des Dills unter das Lachspüree rühren.

6. Für die Sauce die Butter oder Margarine in einem Topf zerlassen. Die Schalotten abziehen, klein würfeln und darin andünsten. Wein, Gemüse- oder Fischfond und Sahne angießen, aufkochen lassen. Die Sauce durch ein Sieb geben. Mehl mit etwas Wasser anrühren, unter Rühren in die von der Kochstelle genommene Sauce rühren, aufkochen und etwa 2 Minuten unter Rühren kochen lassen. Senf unterrühren. Mit Salz und Pfeffer würzen.

7. Die Muschelnudeln mit jeweils etwas von dem Lachspüree füllen und nebeneinander in eine flache Auflaufform (gefettet) legen. Die Sauce darauf verteilen. Die Form mit Alufolie zudecken. Die Form auf dem Rost in den vorgeheizten Backofen schieben. Die Muschelnudeln **etwa 40 Minuten garen.**

8. Nach etwa 25 Minuten Garzeit die Alufolie entfernen und die Muschelnudeln fertig garen. Die Muschelnudeln vor dem Servieren mit dem restlichen Dill bestreuen.

GEMÜSE-LASAGNE MIT SHIITAKE-PILZEN

◷ Zubereitungszeit: 55 Minuten
Garzeit: etwa 30 Minuten
+ Vegetarisch

ZUTATEN FÜR 4 PORTIONEN

200 g Möhren
300 g Fenchelknollen
2 mittelgroße Zwiebeln
50 g Butterschmalz
30 g Weizenmehl
400 g Schlagsahne
½ TL Kräutersalz
gem. Pfeffer
400 g Shiitake-Pilze
25 g Butterschmalz
250 g Mozzarella
6 Lasagneplatten, ohne Vorkochen
30 g Butter

PRO PORTION:

E: 30 g, F: 70 g, Kh: 103 g, kcal: 1214

1. Die Möhren putzen, schälen, abspülen, abtropfen lassen und in dünne Scheiben schneiden. Die Fenchelknollen putzen, abspülen, abtropfen lassen, dann vierteln und in feine Streifen schneiden. Zwiebeln abziehen, halbieren und in Scheiben schneiden.

2. Das Butterschmalz in einem Topf erhitzen. Möhrenscheiben und Fenchelstreifen darin unter häufigem Wenden etwa 8 Minuten andünsten. Anschließend mit Mehl bestäuben. Sahne zugießen und unter Rühren aufkochen lassen, mit Kräutersalz und Pfeffer abschmecken.

3. Den Backofen vorheizen.
Ober-/Unterhitze: etwa 180 °C
Heißluft: etwa 160 °C

4. Shiitake-Pilze putzen, evtl. kurz abspülen und trocken tupfen. Die Stiele in dünne Scheiben, die Kappen in Viertel schneiden.

5. Butterschmalz in einer Pfanne erhitzen, die Pilze darin etwa 5 Minuten dünsten, mit Kräutersalz und Pfeffer abschmecken.

6. Mozzarella abtropfen lassen und längs in Scheiben schneiden. Eine Lasagneform (gefettet) oder rechteckige Auflaufform (gefettet) mit 3 Lasagneplatten auslegen.

7. Die Hälfte der Möhrenscheiben und Fenchelstreifen und die Hälfte der Pilze darauf verteilen. Restliche Lasagneplatten darauflegen. Restliche Möhrenscheiben, Fenchelstreifen und Pilze daraufgeben. Mit Mozzarellascheiben belegen und Butter in Flöckchen daraufsetzen. Die Form auf dem Rost in den vorgeheizten Backofen schieben. Die Gemüse-Lasagne **etwa 30 Minuten garen.**

GEMÜSENUDELN MIT FISCHMEDAILLONS

◷ Zubereitungszeit: 50 Minuten, ohne Auftauzeit
▲ Mit Alkohol

ZUTATEN FÜR 4 PORTIONEN

300 g TK-Zanderfilet
300 g TK-Lachsforellenfilet
2 Bund Suppengrün
(etwa 500 g, Möhre, Sellerie, Lauch)
Salz
gem. Pfeffer
etwa 100 ml Weißwein
300 g Spaghetti
2 EL Olivenöl
1 Bund Basilikum

PRO PORTION:

E: 42 g, F: 10 g, Kh: 55 g, kcal: 530

1. Fischfilets nach Packungsanleitung auftauen lassen.

2. Suppengrün putzen abspülen und abtropfen lassen, dann in Streifen oder Würfel schneiden. Etwa 1 Liter Salzwasser in einem Topf zum Kochen bringen, die Gemüsestreifen oder -würfel darin etwa 5 Minuten blanchieren. Anschließend in ein Sieb geben, den Fond dabei auffangen. Gemüsestreifen oder -würfel mit kaltem Wasser abschrecken und abtropfen lassen.

3. Die aufgetauten Fischfilets mit Küchenpapier abtupfen und in Medaillons (je etwa 75 g) schneiden.

4. Den aufgefangenen Gemüsefond mit Pfeffer und Weißwein würzen und erhitzen. Die Fischmedaillons darin etwa 8 Minuten gar ziehen lassen.

5. Wasser in einem großen Topf zugedeckt zum Kochen bringen. Dann Salz und Nudeln zugeben. Nudeln im geöffneten Topf bei mittlerer Hitze nach Packungsanleitung bissfest kochen, dabei gelegentlich umrühren. Anschließend die Nudeln in ein Sieb geben, mit heißem Wasser abspülen und abtropfen lassen.

6. Olivenöl in einer Pfanne erhitzen. Gemüsestreifen oder -würfel darin andünsten, mit Salz und Pfeffer würzen. Die Nudeln mit den Gemüsestreifen oder -würfeln vermengen.

7. Basilikum abspülen und trocken tupfen. Die Blättchen von den Stängeln zupfen.

8. Fischmedaillons auf den Gemüsenudeln anrichten und mit Basilikumblättchen garnieren.

GLASNUDEL-MANGO-SALAT

Zubereitungszeit: 30 Minuten, ohne Abkühlzeit

ZUTATEN FÜR 4 PORTIONEN

150 g Glasnudeln
2 Bio-Limetten (unbehandelt, ungewachst)
1 Bio-Orange (unbehandelt, ungewachst)
1 rote Chilischote
1 reife Mango
je 4–5 Stängel Basilikum und Koriander
2 EL Sesamöl
Salz
gem. Pfeffer
400 g Garnelen (roh, ohne Kopf, geschält und entdarmt)
2 EL Sonnenblumenöl
1–1 ½ EL flüssiger Honig

PRO PORTION:

E: 22 g, F: 13 g, Kh: 49 g, kcal: 405

1. Die Glasnudeln nach Packungsanleitung zubereiten, dann abkühlen lassen.

2. Limetten und Orange heiß abspülen, abtrocknen. Von 1 Limette und der Orange die Schale getrennt abreiben. Den Saft getrennt auspressen. Zweite Limette beiseitelegen.

3. Chilischote halbieren, entstielen, entkernen, abspülen, abtropfen lassen und in kleine Streifen schneiden. Das Fruchtfleisch der Mango vom Stein schneiden, schälen und in Streifen schneiden.

4. Basilikum und Koriander abspülen, trocken tupfen und die Blättchen von den Stängeln zupfen. Einige Blättchen beiseitelegen, restliche Blättchen getrennt in feine Streifen schneiden.

5. Orangensaft mit abgeriebener Orangenschale, Sesamöl und Chilistreifen verrühren. Marinade mit Salz und Pfeffer würzen.

6. Garnelen mit Küchenpapier abtupfen. 1 Esslöffel Öl in einer Pfanne erhitzen. Garnelen hineingeben und unter Wenden darin braten, bis sie sich rot gefärbt haben.

7. Die Glasnudeln mit einer Küchenschere in mundgerechte Stücke schneiden. Mangostreifen, Orangenmarinade, Koriander unterrühren.

8. Übriges Öl mit Honig, abgeriebener Limettenschale, -saft und Basilikum verrühren, mit Salz und Pfeffer würzen. Marinade mit Garnelen vermischen, auf dem Mango-Glasnudel-Salat anrichten.

9. Beiseitegelegte Limette in Scheiben schneiden. Salat mit Limettenscheiben und beiseitegelegten Kräuterblättchen garnieren.

GLASNUDELSALAT MIT FRÜHLINGSROLLEN

Zubereitungszeit: 90 Minuten, ohne Durchziehzeit
+ Vegetarisch

ZUTATEN FÜR 12 PORTIONEN

FÜR DAS GEMÜSE:

300 g Zuckerschoten
3 dicke Möhren (etwa 375 g)
300 g Rotkohl
1–2 Bund Frühlingszwiebeln
6–8 Stängel Minze
1 Bund glatte Petersilie

FÜR DIE SALATSAUCE:

etwa 100 g frischer Ingwer
3 Bio-Limetten (unbehandelt, ungewachst)
3 rote Chilischoten
6 EL Sojasauce
3–4 EL brauner Zucker
6 EL Sesamöl
Salz

300 g Glasnudeln

ZUSÄTZLICH:

1 l Speiseöl zum Ausbacken (z. B. Erdnussöl)
30 vegetarische Mini-TK-Frühlingsrollen (600 g)

PRO PORTION:

E: 4 g, F: 10 g, Kh: 48 g, kcal: 303

1. Für das Gemüse von den Zuckerschoten die Enden abschneiden, evtl. abfädeln. Zuckerschoten abspülen, abtropfen lassen und in kochendem Salzwasser kurz blanchieren. Zuckerschoten mit einer Schaumkelle herausnehmen, mit kaltem Wasser abschrecken und abtropfen lassen.

2. Die Möhren putzen, schälen, abspülen und abtropfen lassen. Rotkohl putzen, abspülen, abtropfen lassen und den Strunk herausschneiden. Zuckerschoten, Möhren und Rotkohl in feine Streifen schneiden bzw. hobeln. Die Frühlingszwiebeln putzen, abspülen, abtropfen lassen und in feine Scheiben schneiden.

3. Für die Salatsauce Ingwer schälen und fein reiben. Limetten heiß abwaschen, abtrocknen und die Schalen von 1–2 Limetten fein abreiben. Limetten halbieren und den Saft auspressen. Chilischoten halbieren, entstielen, entkernen, abspülen, abtropfen lassen und fein hacken.

4. Sojasauce mit Limettensaft, -schale und Ingwer verrühren. Zucker so lange unterrühren, bis er sich gelöst hat. Sesamöl unterschlagen. Sauce evtl. mit etwas Salz würzen. Gemüsestreifen und Frühlingszwiebelscheiben mit der Salatsauce in einer großen Schüssel vermischen. Salat zugedeckt etwas durchziehen lassen.

5. In der Zwischenzeit die Glasnudeln nach Packungsanleitung zubereiten. Dann die Glasnudeln in einem Sieb abtropfen lassen und in mundgerechte Stücke schneiden.

6. Das Speiseöl in einer Fritteuse oder einem Topf auf etwa 175 °C erhitzen, sodass sich um einen in das Fett gehaltenen Holzlöffelstiel Bläschen bilden. Die Frühlingsrollen portionsweise darin rundherum goldbraun backen, mit einem Schaumlöffel herausnehmen und auf Küchenpapier legen, sodass überschüssiges Fett aufgesaugt werden kann.

7. Minze und Petersilie abspülen, trocken tupfen und die Blättchen von den Stängeln zupfen, Blättchen in Streifen schneiden. Glasnudeln und Kräuter zum Gemüse geben und untermischen. Die Frühlingsrollen in Stücke schneiden und auf dem Salat anrichten.

GLASNUDELSALAT MIT GERÖSTETEM HACKFLEISCH

Zubereitungszeit: 45 Minuten, ohne Abkühlzeit

ZUTATEN FÜR 4 PORTIONEN

FÜR DEN SALAT:

1 rote Chilischote
1 Knoblauchzehe
½ Bund Koriander
1 EL Speiseöl, z. B. Maiskeimöl
500 g Gehacktes
(halb Rind-, halb Schweinefleisch)
Salz
1–2 EL Sojasauce
1 EL Fischsauce
Zucker
200 g Glasnudeln
1 EL Sojasauce
200 g Zuckerschoten
1 Bund Frühlingszwiebeln

FÜR DIE MARINADE:

½ rote Chilischote
½ TL Salz
1 Prise Zucker
40 ml Limettensaft

ZUM SERVIEREN:

einige Römersalatblätter

PRO PORTION:

E: 28 g, F: 23 g, Kh: 54 g, kcal: 542

1. Für den Salat Chilischote halbieren, entstielen, entkernen, abspülen, abtropfen lassen und klein schneiden. Knoblauch abziehen und ebenfalls klein schneiden. Koriander abspülen und trocken tupfen. Die Blättchen von den Stängeln zupfen. Blättchen für die Marinade beiseitelegen. Die Korianderstängel klein hacken.

2. Speiseöl in einer großen Pfanne erhitzen. Das Gehackte hineingeben, mit Salz, Sojasauce, Fischsauce, Chili- und Knoblauchwürfeln sowie 1 Prise Zucker würzen. Die Zutaten bei starker Hitze unter Rühren kräftig braun anbraten. Dabei die Fleischklümpchen mit einer Gabel zerdrücken. Klein gehackte Korianderstängel unterrühren. Die Hackfleischmasse herausnehmen, in eine Schüssel geben und erkalten lassen.

3. Die Glasnudeln nach Packungsanleitung zubereiten, anschließend mit einer Küchenschere in Stücke schneiden. Die Glasnudeln mit Salz und Sojasauce abschmecken und zur Hackfleischmasse in die Schüssel geben.

4. Von den Zuckerschoten die Enden abschneiden, evtl. abfädeln. Zuckerschoten abspülen, abtropfen lassen und in feine Streifen schneiden. Die Frühlingszwiebeln putzen, abspülen, abtropfen lassen und in feine Scheiben schneiden. Zuckerschotenstreifen und Frühlingszwiebelscheiben zu der Glasnudel-Hackfleisch-Masse geben und vorsichtig unterheben.

5. Für die Marinade die Chilischotenhälfte entstielen, entkernen, abspülen, abtropfen lassen und fein hacken. Chili mit ½ Teelöffel Salz und 1 Prise Zucker unter den Limettensaft rühren. Beiseitegelegte Korianderblätter (einige Blättchen abnehmen) grob zerzupfen.

6. Die Limettenmarinade kurz vor dem Servieren auf dem Salat verteilen und gut untermischen. Römersalatblätter abspülen und trocken tupfen. Den Salat auf den Römersalatblättern anrichten, mit den abgenommenen Korianderblättchen bestreuen und sofort servieren.

GRATINIERTER PASTA-WIRSING-TOPF

◷ Zubereitungszeit: 35 Minuten
Garzeit: 20–25 Minuten
Gratinierzeit: etwa 5 Minuten

ZUTATEN FÜR 4 PORTIONEN

250 g magerer Tiroler Speck, am Stück
3 Zwiebeln
3 Möhren (etwa 300 g)
1 Stange Lauch (etwa 250 g)
900 g Wirsing
2 EL Speiseöl, z. B. Rapsöl
Salz
gem. Pfeffer
1 Lorbeerblatt
2 Gewürznelken
ger. Muskatnuss
1 l Fleischbrühe
225 g Suppennudeln, z. B. Gobetti
200 g würziger Alpenkäse, z. B. Fontina

PRO PORTION:

E: 45 g, F: 34 g, Kh: 53 g, kcal: 724

1. Speck in etwa ½ cm feine Scheiben schneiden. Zwiebeln abziehen und in Spalten schneiden. Möhren putzen, schälen, abspülen, abtropfen lassen und schräg in Scheiben schneiden. Lauch putzen, die Stange längs halbieren, gründlich waschen, abtropfen lassen und in Stücke schneiden. Von dem Wirsing die groben äußeren Blätter entfernen und den Strunk herausschneiden. Wirsing abspülen, abtropfen lassen, vierteln und in Stücke schneiden.

2. Das Speiseöl in einem großen Topf erhitzen. Die Speckscheiben darin bei mittlerer Hitze kurz von beiden Seiten anbraten und herausnehmen. Zwiebelspalten in den Topf geben und in dem Speckfett bei mittlerer Hitze goldbraun anbraten, herausnehmen und beiseitelegen.

3. Möhrenscheiben, Wirsing- und Lauchstücke in dem verbliebenen Speckfett kurz unter Rühren andünsten, mit Salz, Pfeffer, Lorbeerblatt, Gewürznelken und Muskat würzen. Die Brühe hinzugießen und bei mittlerer Hitze zum Kochen bringen. Den Eintopf zugedeckt bei schwacher Hitze 20–25 Minuten unter gelegentlichem Rühren kochen lassen. Nach etwa 15 Minuten Garzeit die Speckscheiben wieder dazugeben.

4. Inzwischen Wasser in einem großen Topf zugedeckt zum Kochen bringen. Dann Salz und Nudeln zugeben. Die Nudeln im geöffneten Topf bei mittlerer Hitze nach Packungsanleitung knapp bissfest kochen, dabei gelegentlich umrühren. Anschließend die Nudeln in ein Sieb geben, mit heißem Wasser abspülen und abtropfen lassen.

5. Den Backofen vorheizen.
Ober-/Unterhitze: etwa 200 °C
Heißluft: etwa 180 °C

6. Die Nudeln mit den vorbereitete Zwiebelspalten mischen, mit etwas Salz und Pfeffer würzen. Käse fein reiben.

7. Den gegarten Eintopf nochmals mit den Gewürzen abschmecken und portionsweise in feuerfeste Suppenschalen oder kleine Tarteformen mit hohem Rand füllen. füllen. Die Nudel-Zwiebel-Mischung darauf verteilen und mit Käse bestreuen. Die Suppenschalen auf dem Rost in den vorgeheizten Backofen schieben. Den Pasta-Wirsing-Topf **etwa 5 Minuten goldbraun gratinieren.**

GRÜNE BANDNUDELN MIT LACHS UND SPINAT

◔ Zubereitungszeit: 20 Minuten
+ Vegetarisch
▲ Mit Alkohol

ZUTATEN FÜR 4 PORTIONEN

FÜR DIE SAUCE:

2 EL Butter
1 Knoblauchzehe
2 EL Zwiebelwürfel (frisch oder TK)
450 g TK-Blattspinat
Salz
gem. Pfeffer
ger. Muskatnuss
100 ml Weißwein, halbtrocken oder eine Mischung aus 3 EL Zitronensaft und 80 ml Instant-Gemüsebrühe
250 g Schlagsahne

500 g grüne Bandnudeln

ZUSÄTZLICH:

200 g geräucherter, milder Lachs, in Scheiben
1 TL fein abgeriebene Schale von 1 Bio-Zitrone (unbehandelt, ungewachst)

PRO PORTION:

E: 31 g, F: 38 g, Kh: 91 g, kcal: 866

1. Für die Sauce 1 ½ Esslöffel Butter in einem Topf zerlassen. Knoblauch abziehen und durch eine Knoblauchpresse in den Topf drücken. Die Hälfte der Zwiebelwürfel hinzugeben und glasig dünsten, dann den gefrorenen Spinat hinzufügen. Mit Salz, Pfeffer und Muskat würzen. Den Spinat zugedeckt 8–10 Minuten bei mittlerer Hitze unter gelegentlichem Rühren dünsten.

2. In der Zwischenzeit die restliche Butter in einem Topf zerlassen. Restliche Zwiebelwürfel darin andünsten. Wein oder Gemüse-Zitronensaft-Mischung hinzugießen, zum Kochen bringen und auf ein Drittel einkochen lassen. Sahne unterrühren, mit Salz und Pfeffer würzen und wieder zum Kochen bringen. Die Sauce um knapp die Hälfte einkochen lassen.

3. Wasser in einem großen Topf zugedeckt zum bKochen bringen. Salz und Bandnudeln ins kochende Wasser geben. Die Nudeln im geöffneten Topf bei mittlerer Hitze nach Packungsanleitung bissfest kochen, dabei gelegentlich umrühren.

4. Lachsscheiben in breite Streifen schneiden. Die Nudeln in ein Sieb geben, mit heißem Wasser abspülen und abtropfen lassen. Die Nudeln sofort mit der Sahnesauce vermengen und nochmals kurz erhitzen. Mit Salz, Pfeffer und Zitronenschale abschmecken.

5. Die Nudeln mit Spinat und Lachsstreifen auf vorgewärmten Tellern anrichten. Nach Belieben mit frisch gemahlenem, buntem Pfeffer bestreuen und sofort servieren.

GRÜNE BANDNUDELN MIT MEERESFRÜCHTEN

◷ Zubereitungszeit: 30 Minuten
▲ Mit Alkohol

ZUTATEN FÜR 4 PORTIONEN

FÜR DIE NUDELN:

Salz
250 g grüne Bandnudeln

FÜR DIE SAUCE:

2 Knoblauchzehen, 1 Zwiebel
4 EL Olivenöl
100 g Möhren
150 g Lauch
4 EL Weißwein
800 g geschälte Tomaten (aus der Dose)
gem. Pfeffer
gerebelter Oregano
8 gefüllte grüne Oliven

150 g Kabeljaufilet
100 g Garnelen (vorgegart, entdarmt)
2 EL Zitronensaft
75 g abgetropftes Muschelfleisch (aus der Dose)
100 TK-Tintenfischringe, gegart

ZUSÄTZLICH:

40 g Olivenöl
40 g ger. Parmesan
1 EL klein gehackte Petersilie

PRO PORTION:

E: 32 g, F: 26 g, Kh: 55 g, kcal: 604

1. Für die Nudeln Wasser in einem großen Topf zugedeckt zum Kochen bringen. Dann Salz und Nudeln zugeben. Die Nudeln im geöffneten Topf bei mittlerer Hitze nach Packungsanleitung bissfest kochen, dabei gelegentlich umrühren.

2. In der Zwischenzeit für die Sauce Knoblauch und Zwiebel abziehen, dann klein würfeln. Olivenöl in einem Topf erhitzen. Knoblauch- und Zwiebelwürfel darin andünsten.

3. Möhren und Lauch putzen. Möhren schälen, abspülen, abtropfen lassen und in Streifen schneiden. Lauchstange längs halbieren, gründlich waschen, abtropfen lassen und ebenfalls in Streifen schneiden. Möhren- und Lauchstreifen zu der Zwiebel-Knoblauch-Mischung geben und mitdünsten lassen.

4. Das Gemüse mit Weißwein ablöschen. Die Tomaten mit der Flüssigkeit hinzufügen, mit Salz, Pfeffer und Oregano würzen. Die Tomatensauce etwa 5 Minuten kochen lassen. Oliven in Scheiben schneiden und hinzufügen.

5. Kabeljaufilet und Garnelen mit Küchenpapier abtupfen. Kabeljaufilet in Stücke schneiden, mit Salz und Pfeffer würzen, dann mit Zitronensaft beträufeln und auf die Tomatensauce legen. Muschelfleisch, Tintenfischringe und Garnelen ebenfalls hinzufügen und zugedeckt etwa 5 Minuten dünsten.

6. Die garen Bandnudeln in ein Sieb geben, mit heißem Wasser abspülen und abtropfen lassen. Die Nudeln in Olivenöl schwenken.

7. Tomaten-Meeresfrüchte-Sauce gut umrühren, evtl. nochmals abschmecken. Die Nudeln unterheben, dann mit Parmesan und Petersilie bestreut servieren.

GRÜNKERN-TAGLIATELLE

◔ Zubereitungszeit: etwa 30 Minuten, ohne Trocken- und Ruhezeit
+ Vegetarisch

ZUTATEN FÜR 4 PORTIONEN:

FÜR DIE TAGLIATELLE:

380 g Weizenmehl
120 g Grünkernschrot
4 Eier (Größe M)
3 EL Walnussöl
Salz

FÜR DIE PILZSAUCE:

2 Knoblauchzehen
1 Zwiebel
600 g braune Champignons
2 EL Olivenöl
200 ml Pilzfond (aus dem Glas)
2 ½–3 EL Zitronensaft
6 Stängel Thymian
125 g Crème double
gem. Pfeffer

PRO PORTION:

E: 27 g, F: 33 g, Kh: 95 g, kcal: 803

1. Für die Tagliatelle das Mehl in einer Rührschüssel mit Grünkernschrot mischen. Eier, Öl, 3 Esslöffel kaltes Wasser und 2 gestrichene Teelöffel Salz hinzufügen, mit dem Mixer (Knethaken) zunächst kurz auf niedrigster, dann auf höchster Stufe gut durcharbeiten. Dann auf der Arbeitsfläche zu einem glatten Teig verkneten. Den Teig in Frischhaltefolie gewickelt etwa 30 Minuten bei Zimmertemperatur ruhen lassen.

2. Teig halbieren. Arbeitsfläche leicht mit Mehl bestäuben. Den Teig darauf etwa 2 mm dünn (etwa 30 x 35 cm groß) ausrollen Mit einem Messer und Lineal in etwa 1 cm breite Streifen schneiden. Die Teigstreifen mit etwas Abstand auf dem Geschirrtuch 20–30 Minuten trocknen lassen. Aus dem restlichen Teig auf die gleiche Weise Nudeln zubereiten.

3. Für die Sauce Knoblauch und Zwiebel abziehen, klein würfeln. Pilze putzen, evtl. kurz abspülen und trocken tupfen. Pilze in Scheiben schneiden.

4. Für die Nudeln das Wasser in dem Topf zugedeckt zum Kochen bringen. Dann Salz und die Nudeln zugeben. Die Nudeln im geöffneten Topf bei mittlerer Hitze in 4–6 Minuten bissfest kochen, dabei gelegentlich umrühren. Anschließend die Nudeln in ein Sieb geben, mit heißem Wasser abspülen und abtropfen lassen.

5. Inzwischen das Öl in der Pfanne erhitzen. Knoblauch- und Zwiebelwürfel darin andünsten. Die Pilzscheiben hinzugeben und unter gelegentlichem Rühren anbraten, bis die austretende Pilzflüssigkeit nahezu verdampft ist. Pilzfond und 2 Esslöffel Zitronensaft hinzugießen, zum Kochen bringen. Die Pilzsauce etwa 5 Minuten bei mittlerer Hitze zugedeckt köcheln lassen.

6. Inzwischen Thymian abspülen und trocken tupfen. 4 Stängel zum Garnieren beiseitelegen. Von den restlichen Stängeln die Blättchen abzupfen und klein schneiden. Crème double und Thymian unter die Pilzsauce rühren. Die Pilzsauce mit Salz, Pfeffer und restlichem Zitronensaft abschmecken. Die Grünkern-Tagliatelle mit Pilzsauce und den beiseitegelegten Thymianstängeln garniert servieren.

TIPP:

Zu den Grünkern-Tagliatelle zusätzlich frisch gehobelten Parmesan oder Pecorino reichen.

HÄHNCHEN-KNOBLAUCH-EINTOPF

Zubereitungszeit: 40 Minuten, ohne Abkühlzeit
Garzeit (Hähnchen): etwa 35 Minuten

ZUTATEN FÜR 4–5 PORTIONEN

FÜR DEN FOND:

1 Hähnchen (etwa 1,2 kg)
1 junge Knoblauchzehe
1 Bio-Zitrone (unbehandelt, ungewachst)
2 Zwiebeln
2 EL Butter
je ½ Bund Estragon, Thymian und Rosmarin (ersatzweise je 1 TL getrocknete Kräuter)
1 Lorbeerblatt
Salz
1 ½ TL Instant-Hühnerbrühe
1 TL schwarze Pfefferkörner

ZUSÄTZLICH:

275 g Spiralnudeln, z. B. Fusilli
gem. Pfeffer
350 g grüner Spargel
2 Möhren (etwa 250 g)
2 Stangen Staudensellerie (etwa 120 g)
175 g TK-Erbsen

PRO PORTION:

E: 42 g, F: 14 g, Kh: 53 g, kcal: 527

1. Für den Fond Hähnchen in 4–6 Teile zerteilen und mit Küchenpapier abtupfen. Knoblauch abziehen und längs halbieren. Zitrone heiß abwaschen, abtrocknen und halbieren. Eine Zitronenhälfte in Scheiben schneiden. Die Zwiebeln abziehen und vierteln.

2. Butter in einem großen Suppentopf zerlassen. Die Hähnchenteile darin auf den Hautseiten goldbraun anbraten. Knoblauch, Zwiebeln und Zitronenscheiben zugeben und mit anbraten.

3. Kräuter abspülen, trocken tupfen und mit dem Lorbeer ebenfalls dazugeben. 1,4 l Wasser hinzugießen. 2 Teelöffel Salz, Hühnerbrühe-Pulver und Pfefferkörner hinzugeben. Die Zutaten zugedeckt wieder zum Kochen bringen, dabei entstehenden Schaum immer wieder abschöpfen. Die Hähnchenteile bei schwacher Hitze etwa 35 Minuten köcheln lassen.

4. Inzwischen Wasser in einem großen Topf zugedeckt zum Kochen bringen. Dann Salz und Nudeln zugeben. Die Nudeln im geöffneten Topf bei mittlerer Hitze nach Packungsanleitung bissfest kochen, dabei gelegentlich umrühren.

5. Hähnchenteile aus dem Fond nehmen, abtropfen und etwas abkühlen lassen. Den Fond durch ein feines Sieb in einen weiten, großen Topf gießen, mit Salz und Pfeffer würzig abschmecken.

6. Vom Spargel das untere Drittel schälen und die unteren Enden abschneiden. Spargel abspülen, abtropfen lassen und in Stücke schneiden. Möhren und Sellerie putzen, schälen, abspülen, abtropfen lassen und in feine Scheiben schneiden.

7. Spargel, Möhren und Sellerie in den Fond geben und darin etwa 10 Minuten köcheln lassen.

8. Nudeln in ein Sieb geben, mit heißem Wasser abspülen und abtropfen lassen. Inzwischen das Hähnchenfleisch von Haut und Knochen lösen, in mundgerechte Stücke teilen. Restliche Zitronenhälfte in halbe Scheiben schneiden.

9. Nudeln, Erbsen, Zitronenscheiben und Hähnchenfleisch in den Fond geben. Den Hähnchen-Knoblauch-Eintopf weitere 2–4 Minuten erhitzen. Vor dem Servieren nochmals abschmecken.

HÄHNCHEN-NUDEL-SALAT CALIFORNIA STYLE

Zubereitungszeit: 20 Minuten, ohne Abkühlzeit

ZUTATEN FÜR 2 PORTIONEN

FÜR DIE NUDELN:

Salz
100 g Nudeln, z. B. Farfalle oder Tagliatelle

FÜR DAS DRESSING:

2 kleine Knoblauchzehen
4 EL Apfelessig
1 TL milder Dijon-Senf
1 TL flüssiger Honig
gem. Pfeffer
2 EL Olivenöl

ZUSÄTZLICH:

1 rote Zwiebel
200 g Champignons
60 g Rucola
200 g Mango-Fruchtfleisch (vorbereitet gewogen)
60 g geräucherter Hähnchenbrust-Aufschnitt, in feinen Scheiben

PRO PORTION:

E: 19 g, F: 13 g, Kh: 57 g, kcal: 416

1. Für die Nudeln Wasser in einem Topf zugedeckt zum Kochen bringen. Dann Salz und Nudeln zugeben. Die Nudeln im geöffneten Topf bei mittlerer Hitze nach Packungsanleitung bissfest kochen, dabei gelegentlich umrühren.

2. In der Zwischenzeit für das Dressing Knoblauch abziehen, klein würfeln und mit etwas Salz auf einem Schneidbrett fein zerreiben. Knoblauch mit Essig, Senf, Honig, Salz und Pfeffer verrühren. Das Olivenöl unterschlagen.

3. Die gegarten Nudeln in ein Sieb geben, mit kaltem Wasser abspülen, abtropfen und abkühlen lassen.

4. Inzwischen die Zwiebel abziehen, zuerst in feine Scheiben schneiden, dann in Ringe teilen. Champignons putzen, evtl. kurz abspülen, trocken tupfen und in feine Scheiben schneiden. Nudeln, Zwiebelringe und Pilzscheiben mit dem Dressing vermischen.

5. Rucola verlesen und dicke Stängel abschneiden. Rucola abspülen, gut abtropfen lassen oder trocken schleudern und evtl. etwas kleiner zupfen. Mango-Fruchtfleisch in feine Spalten schneiden. Rucola und Mangospalten vorsichtig unter die marinierten Nudeln heben, mit Salz und Pfeffer abschmecken. Den Salat mit dem Hähnchenbrust-Aufschnitt anrichten.

HÜHNER-NUDEL-EINTOPF

Zubereitungszeit: 60 Minuten , ohne Abkühlzeit
Garzeit: etwa 1 Stunde und 50 Minuten

ZUTATEN FÜR 8 PORTIONEN

1 küchenfertiges Suppenhuhn (etwa 2 kg)
Salz
1 Bund Suppengrün (Möhre, Sellerie, Lauch)
600 g festkochende Kartoffeln
2 Bund Frühlingszwiebeln
400 g Möhren
300 g Staudensellerie
200 g TK-Erbsen
200 g Suppennudeln
(z. B. Muscheln, Sterne oder Buchstaben)
1 Bund Petersilie
gem. Pfeffer

PRO PORTION:

E: 41 g, F: 38 g, Kh: 38 g, kcal: 663

1. Das Suppenhuhn innen und außen mit Küchenpapier abtupfen. Suppenhuhn in einen großen Topf (etwa 5 l Inhalt) geben. So viel kaltes Wasser hinzugeben, dass das Huhn knapp mit Wasser bedeckt ist. Das Ganze zum Kochen bringen. Den entstehenden Schaum mit einem Schaumlöffel abschöpfen. 1 ½–2 EL Salz hinzugeben. Das Suppenhuhn zugedeckt bei mittlerer Hitze etwa 1 Stunde köcheln lassen, wenn nötig, etwas Wasser nachgießen.

2. Das Suppengrün putzen, abspülen, abtropfen lassen und in kleine Stücke schneiden. Suppengrün zu dem Huhn in den Topf geben. Die Zutaten zugedeckt bei mittlerer Hitze weitere etwa 30 Minuten köcheln lassen.

3. In der Zwischenzeit die Kartoffeln schälen, abspülen, abtropfen lassen und in 2 cm große Würfel schneiden. Frühlingszwiebeln putzen, abspülen, abtropfen lassen und in 1 cm lange Stücke schneiden.

4. Möhren putzen, schälen, abspülen, abtropfen lassen und in Scheiben schneiden. Den Sellerie putzen, abspülen, abtropfen und in 1 cm lange Stücke schneiden.

5. Das Huhn aus dem Topf nehmen und etwas abkühlen lassen. Die Brühe durch ein feines Sieb gießen, dabei die Brühe auffangen und 2 ½ l davon abmessen. Die Brühe einige Minuten stehen lassen, damit sich das Fett an der Oberfläche absetzen kann.

6. Vorsichtig etwa 2 Esslöffel Hühnerfett von der Brühe abnehmen, in einen großen Topf geben und erhitzen. Kartoffeln und vorbereitetes Gemüse darin andünsten. Die abgemessene Hühnerbrühe hinzugießen, zum Kochen bringen. Die Zutaten etwa 10 Minuten zugedeckt bei mittlerer Hitze köcheln lassen.

7. Inzwischen das gekochte Huhn enthäuten. Das Fleisch von den Knochen lösen und klein schneiden, mit den Erbsen in den Topf geben, unterrühren. Alles weitere etwa 10 Minuten köcheln lassen.

8. Inzwischen Wasser in einem großen Topf zugedeckt zum Kochen bringen. Dann Salz und Nudeln zugeben. Die Nudeln im geöffneten Topf bei mittlerer Hitze nach Packungsanleitung bissfest kochen, dabei gelegentlich umrühren. Dann die Nudeln in ein Sieb geben, mit heißem Wasser abspülen und abtropfen lassen.

9. In der Zwischenzeit die Petersilie abspülen, trocken tupfen und die Blättchen von den Stängeln zupfen. Petersilienblättchen sehr fein schneiden.

10. Die Nudeln in den Eintopf geben und vorsichtig unterrühren. Den Eintopf mit Salz und Pfeffer abschmecken, mit Petersilie bestreut servieren.

KANINCHEN-FARFALLE-AUFLAUF

Zubereitungszeit: 70 Minuten
Garzeit: etwa 40 Minuten

ZUTATEN FÜR 4 PORTIONEN

300 g Farfalle
1 kg Kaninchen
3 Schalotten
2 Knoblauchzehen
3 EL Olivenöl
6 Tomaten
1 Staudensellerie
80 g abgetropfte schwarze Oliven
je 3 Stängel Rosmarin und Thymian
1 Döschen Safran (0,1 g)
Salz, gem. Pfeffer
etwas gem. Cayennepfeffer oder Chiliflocken
80 g fein ger. Gruyère

PRO PORTION:

E: 68 g, F: 39 g, Kh: 60 g, kcal: 889

1. Wasser in einem großen Topf zugedeckt zum Kochen bringen. Dann Salz und Nudeln zugeben. Die Nudeln im geöffneten Topf bei mittlerer Hitze nach Packungsanleitung bissfest kochen, dabei gelegentlich umrühren.

2. Anschließend die Nudeln in ein Sieb geben, mit heißem Wasser abspülen und abtropfen lassen.

3. Kaninchen mit Küchenpapier abtupfen, von Haut und Sehnen befreien. Kaninchen in möglichst kleine Stücke teilen.

4. Schalotten und Knoblauch abziehen, in kleine Würfel schneiden. Olivenöl in einer Pfanne erhitzen. Die Kaninchenteile darin von allen Seiten knusprig anbraten. Schalotten- und Knoblauchwürfel hinzufügen, mit andünsten.

5. Den Backofen vorheizen.
Ober-/Unterhitze: etwa 180 °C
Heißluft: etwa 160 °C

6. Tomaten kreuzweise einschneiden und mit kochendem Wasser übergießen. Nach 1–2 Minuten herausnehmen und mit kaltem Wasser abschrecken. Tomaten häuten, halbieren und die Stängelansätze herausschneiden. Tomaten in grobe Würfel schneiden.

7. Sellerie putzen, abspülen und abtropfen lassen. Selleriestangen in etwa 1 cm lange Stücke schneiden. Selleriestücke mit den Tomatenwürfeln und abgetropften Oliven zu den Kaninchenteilen in die Pfanne geben und kurz erhitzen.

8. Rosmarin und Thymian abspülen, trocken tupfen. Die Nadeln bzw. Blättchen von den Stängeln zupfen. Nadeln und Blättchen klein schneiden.

9. Die Kaninchenteile mit Rosmarin, Thymian, Safran, Salz, Pfeffer und Cayennepfeffer oder Chili würzen. Nudeln unterheben und alles in eine große Auflaufform (gefettet) geben. Den Auflauf mit Käse bestreuen. Die Form auf dem Rost in den vorgeheizten Backofen schieben. Den Auflauf **etwa 40 Minuten garen.**

KÄSESPÄTZLE

Zubereitungszeit: 40 Minuten
Backzeit: etwa 20 Minuten
+ Vegetarisch

ZUTATEN FÜR 4 PORTIONEN

3 Zwiebeln
30 g Butter oder Margarine

FÜR DIE SPÄTZLE:

250 g Weizenmehl
3 Eier (Größe M)
Salz
1 Msp. ger. Muskatnuss
etwa 100 ml Wasser oder Milch

ZUSÄTZLICH:

200 g ger. Emmentaler
2–3 EL Schnittlauchröllchen

PRO PORTION:

E: 30, F: 24, Kh: 48, kcal: 525

1. Die Zwiebeln abziehen, zunächst in Scheiben schneiden, dann in Ringe teilen. Butter oder Margarine in einer Pfanne zerlassen. Die Zwiebelringe unter Rühren darin bräunen, dann auf einen Teller geben.

2. Den Backofen vorheizen.
Ober-/Unterhitze: etwa 200 °C
Heißluft: etwa 180 °C

3. Für die Spätzle Mehl in eine Rührschüssel geben. Eier, Salz, Muskat und Wasser oder Milch zugeben. Die Zutaten mit einem Holzlöffel verrühren, dabei darauf achten, dass keine Klümpchen entstehen. Den Teig so lange rühren, bis er eine zähe, dickflüssige Konsistenz hat und Blasen wirft.

4. Wasser in einem großen Topf zugedeckt zum Kochen bringen. Salz hinzufügen. Den Teig portionsweise mit einem Spätzlehobel oder durch eine Spätzlepresse in das kochende Salzwasser geben und 3–5 Minuten gar kochen (die Spätzle sind gar, wenn sie an der Oberfläche schwimmen).

5. Die gegarten Spätzle mit einer Schaumkelle aus dem Wasser nehmen, in ein Sieb geben, mit kaltem Wasser abschrecken und abtropfen lassen.

6. Die Spätzle abwechselnd mit dem Käse in eine Auflaufform (gefettet) schichten. Die letzte Schicht sollte aus Käse bestehen. Die Form auf dem Rost in den vorgeheizten Backofen schieben. Die Käsespätzle **etwa 20 Minuten backen.**

7. Die Käsespätzle mit gebräunten Zwiebelringen und Schnittlauchröllchen bestreut servieren.

KICHERERBSEN-PASTA-TOPF

Zubereitungszeit: 35 Minuten

ZUTATEN FÜR 4 PORTIONEN

2 Zwiebeln
2 Knoblauchzehen
3–4 in Salz eingelegte Sardellenfilets
1 große rote Paprikaschote (250 g)
3 Möhren (etwa 250 g)
300 g Staudensellerie
1 Stange Lauch (etwa 300 g)
3 EL Olivenöl
1 Stängel Rosmarin
2 kleine Stängel Salbei
1 TL Fenchelsamen
Salz
gem. Pfeffer
800 ml Gemüsebrühe
425 g stückige Tomaten (aus der Dose)
265 g abgetropfte Kichererbsen (aus der Dose)

FÜR DIE NUDELN:

Salz
225 g Ruote (Rädernudeln) oder kurze Röhrennudeln, z. B. Ditali

PRO PORTION:

E: 19 g, F: 12 g, Kh: 66 g, kcal: 476

1. Zwiebeln und Knoblauchzehen abziehen und fein würfeln. Sardellenfilets kurz mit kaltem Wasser abspülen, trocken tupfen und mit einer Gabel fein zerdrücken.

2. Paprikaschote halbieren, entstielen, entkernen und die weißen Scheidewände entfernen. Schotenhälften abspülen, abtropfen lassen und in Stücke schneiden. Möhren putzen, schälen, abspülen, abtropfen lassen und in Scheiben schneiden. Staudensellerie putzen, abspülen, abtropfen lassen und in feine Scheiben schneiden. Lauch putzen, die Stange längs halbieren, dann gründlich waschen, abtropfen lassen und in Scheiben schneiden.

3. Das Öl in einem Topf erhitzen. Zwiebel- und Knoblauchwürfel darin goldbraun anbraten. Sardellen zugeben und kurz mit anbraten. Rosmarin und Salbei abspülen, trocken tupfen und die Nadeln bzw. Blättchen von den Stängeln zupfen. Nadeln bzw. Blättchen fein hacken, mit dem Fenchelsamen in den Topf geben.

4. Möhren, Sellerie und Lauch untermischen, etwa 3 Minuten mit anbraten, mit Salz und Pfeffer würzen. Die Brühe und Tomaten hinzugeben, alles zum Kochen bringen und 10–15 Minuten köcheln lassen.

5. Kichererbsen in einem Sieb mit kaltem Wasser abspülen und gut abtropfen lassen. Nach etwa 5 Minuten Kochzeit Kichererbsen und Paprika in den Eintopf geben.

6. Inzwischen für die Nudeln Wasser in einem großen Topf zugedeckt zum Kochen bringen. Dann Salz und Nudeln zugeben. Die Nudeln im geöffneten Topf bei mittlerer Hitze nach Packungsanleitung bissfest kochen, dabei gelegentlich umrühren. Anschließend die Nudeln in ein Sieb geben, mit heißem Wasser abspülen und abtropfen lassen.

7. Den Eintopf nochmals mit Salz und Pfeffer abschmecken, die Nudeln zugeben und kurz darin erhitzen.

TIPPS:

Statt der frischen Kräutern können Sie auch je 1 Teelöffel getrockneten Rosmarin und Salbei verwenden. Wenn Sie den Eintopf lieber vegan/vegetarisch zubereiten möchten, verzichten Sie auf die eingelegten Sardellen und braten stattdessen zum Beispiel 30–40 g abgetropfte getrocknete und in Streifen geschnittene Tomaten (in Öl) mit an.

KOKOSMILCHNUDELN MIT FRÜCHTEN

Zubereitungszeit: 25 Minuten, ohne Abkühlzeit
Garzeit: etwa 20 Minuten
+ Vegetarisch

ZUTATEN FÜR 4 PORTIONEN ALS HAUPTGERICHT, 8 PORTIONEN ALS DESSERT

400 ml Kokosmilch
600 ml fettarme Milch
2 EL flüssiger Honig
1 EL Zucker
300 g kleine Suppennudeln (z. B. Hörnchen)

FÜR DAS PFLAUMENKOMPOTT:

600 g Pflaumen
30 g Zucker
½ Stange Zimt
125 ml klarer Apfelsaft

PRO PORTION (4 PORTIONEN):

E: 17 g, F: 22 g, Kh: 97 g, kcal: 659

1. Kokosmilch mit Milch, Honig und Zucker in einem Topf verrühren und zum Kochen bringen. Nudeln zugeben. Die Nudeln bei schwacher bis mittlerer Hitze bissfest garen, dabei gelegentlich umrühren.

2. In der Zwischenzeit für das Pflaumenkompott Pflaumen gründlich abspülen, trocken tupfen, entstielen, halbieren und entsteinen. Pflaumenhälften grob zerkleinern. Pflaumenstücke, Zucker, Zimtstange und Apfelsaft in einem Topf zum Kochen bringen und etwa 2 Minuten bei schwacher bis mittlerer Hitze kochen lassen. Pflaumenkompott abkühlen lassen, Zimtstange entfernen.

3. Sobald die Nudeln bissfest sind, die Temperatur erhöhen. Die verbliebene Flüssigkeit unter vorsichtigem Rühren kräftig einkochen lassen, bis die Nudelmasse leicht sämig ist.

4. Die Kokosmilchnudeln mit dem Pflaumenkompott in tiefen Tellern anrichten oder das Pflaumenkompott getrennt zu den Kokosmilchnudeln reichen.

KRAUTFLECKERL

Zubereitungszeit: 30 Minuten

ZUTATEN FÜR 4 PORTIONEN

30 g Schweineschmalz
50 g Zucker
150 g Zwiebeln
600 g Weißkohl
125 ml Geflügelbrühe
Salz
gem. Pfeffer

FÜR DIE NUDELN:

Salz
500 g Farfalle
60 g Butter

PRO PORTION:

E: 20 g, F: 24 g, Kh: 103 g, kcal: 744

1. Das Schweineschmalz in einem Topf zerlassen. Zucker hinzufügen und unter Rühren bei mittlerer Hitze karamellisieren. Zwiebeln abziehen, in kleine Würfel schneiden und mitdünsten lassen.

2. Weißkohl putzen, vierteln und den Strunk herausschneiden. Kohlviertel waschen, abtropfen lassen und in etwa 3–4 cm große Würfel schneiden. Kohlwürfel zu den Zwiebelwürfeln geben und unter Rühren kurz mitdünsten lassen. Brühe hinzugießen, mit Salz und Pfeffer würzen. Die Zutaten zum Kochen bringen und etwa 20 Minuten garen, dabei zwischendurch umrühren.

3. Für die Nudeln Wasser in einem großen Topf zugedeckt zum Kochen bringen. Dann Salz und Farfalle zugeben. Die Nudeln im geöffneten Topf bei mittlerer Hitze nach Packungsanleitung bissfest kochen, dabei gelegentlich umrühren. Anschließend die Nudeln in ein Sieb geben, mit heißem Wasser abspülen und abtropfen lassen.

4. Butter in einer Pfanne zerlassen. Die Nudeln darin schwenken, zu dem gegarten Kohl geben und untermischen. Mit Salz und Pfeffer abschmecken.

KÜRBIS-ZITRONEN-NUDELN ZU SCALOPPINE

Zubereitungszeit: 35 Minuten

ZUTATEN FÜR 4 PORTIONEN

FÜR DEN KÜRBIS:

600 g Muskatkürbis
2 Stängel Rosmarin
2 Knoblauchzehen
3 EL Butter
6–8 EL Zitronensaft
50 ml Gemüsebrühe
gem. Pfeffer

FÜR DIE NUDELN:

Salz
400 g Bandnudeln, z. B. Tagliatelle oder Fettuccine

FÜR DIE SCALOPPINE:

½ Bio-Zitrone (unbehandelt, ungewachst)
8 kleine, dünne Kalbsschnitzel (Scaloppine, je etwa 80 g)
4 hauchdünne Scheiben Parmaschinken
2 EL Olivenöl

ZUSÄTZLICH:

8 Holzstäbchen (Zahnstocher)

PRO PORTION:

E: 50 g, F: 18 g, Kh: 77 g, kcal: 697

1. Für den Kürbis den Kürbis schälen und die Kerne entfernen. Das Kürbisfleisch in lange, feine Streifen schneiden. Rosmarin abspülen, trocken tupfen und die Nadeln von den Stängeln zupfen. Den Knoblauch abziehen und in feine Scheiben schneiden.

2. Für die Nudeln Wasser in einem großen Topf zugedeckt zum Kochen bringen. Dann Salz und Nudeln zugeben. Die Nudeln im geöffneten Topf bei mittlerer Hitze nach Packungsanleitung bissfest kochen, dabei gelegentlich umrühren.

3. Inzwischen von der Butter 2 Esslöffel in einer großen Pfanne erhitzen. Knoblauch und Rosmarinnadeln darin andünsten. Kürbisstreifen zugeben und unter Wenden leicht anbraten. Zitronensaft und Brühe dazugießen. Das Kürbisgemüse mit Salz und Pfeffer würzen, anschließend zugedeckt 5–8 Minuten bei schwacher bis mittlerer Hitze dünsten.

4. Für die Scaloppine Zitrone heiß abwaschen, abtrocknen und in Scheiben schneiden. Zitronenscheiben nach Belieben halbieren. Kalbsschnitzel mit Küchenpapier abtupfen, mit Salz und Pfeffer würzen. Schinken in Größe der Schnitzel zuschneiden. Schnitzel mit je 1 Scheibe Schinken belegen und mit Holzstäbchen feststecken. ½ Esslöffel Butter und das Olivenöl in einer Pfanne erhitzen. Die Schnitzel darin von jeder Seite kurz knusprig anbraten. Die Zitronenscheiben dazugeben und kurz mitbraten.

5. Die Nudeln in ein Sieb geben, mit heißem Wasser abspülen und abtropfen lassen. Nudeln mit Kürbisstreifen vorsichtig mischen. Restliche Butter hinzugeben, zerlassen, alles vorsichtig durchschwenken, mit Salz und Pfeffer abschmecken. Die Nudeln mit den Schnitzeln und den Zitronenscheiben anrichten.

TIPP:

Statt Kalbsschnitzel können Sie auch Schweine-, Hähnchen oder Putenschnitzel verwenden – stets müssen diese sehr dünn sein.

LACHSRAVIOLI IN PAPRIKASAUCE

- Zubereitungszeit: 50 Minuten, ohne Ruhe- und Trockenzeit
- ▲ Mit Alkohol

ZUTATEN FÜR 4 PORTIONEN

FÜR DEN NUDELTEIG:

350 g Weizenmehl
4 Eier (Größe M)
Salz

FÜR DIE LACHSFARCE:

400 g Lachsfilet
2 Eier (Größe M)
Salz
Zitronensaft
gem. Pfeffer
2 EL Crème double

FÜR DIE PAPRIKASAUCE:

2 EL Butter
1 rote Paprikaschote, in Würfel geschnitten
1 EL Zwiebelwürfel
1 TL Paprikapulver
200 ml Fischfond oder -brühe
100 ml trockener Weißwein
2 EL Crème double

ZUSÄTZLICH:

1 Ei (Größe M)
einige vorbereitete Dillspitzen

PRO PORTION:

E: 43 g, F: 24 g, Kh: 67 g, kcal: 845

1. Für den Nudelteig Mehl in eine Rührschüssel geben, in die Mitte eine Vertiefung drücken. Eier mit Salz verschlagen und in die Vertiefung geben. Mit einer Gabel nach und nach etwas von dem Mehl einrühren. Mit dem Mixer (Knethaken) zu einem glatten Teig verkneten. Sollte der Teig kleben, noch etwas Weizenmehl hinzugeben. Den Teig mit etwas Mehl bestäuben, in Frischhaltefolie wickeln und etwa 1 Stunde ruhen lassen.

2. Für die Lachsfarce Lachsfilet mit Küchenpapier abtupfen, in Würfel schneiden und im Blitzhacker pürieren.

3. Die Farce durch ein Sieb streichen und in eine Schüssel mit eiskaltem Wasser oder Eiswürfeln stellen. Nacheinander Eier hinzufügen, mit Salz, Zitronensaft und Pfeffer würzen, Crème double unterrühren.

4. Für die Paprikasauce Butter in einem Topf zerlassen. Paprika- und Zwiebelwürfel darin andünsten, mit Paprikapulver bestäuben. Fischfond oder -brühe und Wein hinzugießen, zum Kochen bringen und um ein Drittel einkochen lassen. Mit Salz und Pfeffer abschmecken, mit Crème double verfeinern.

5. Den Nudelteig halbieren, beide Teighälften auf der bemehlten Arbeitsfläche dünn ausrollen. Die eine Teighälfte auf ein bemehltes Raviolibrett legen, in die Vertiefungen etwas Lachsfarce geben, die Ränder mit verschlagenem Ei bestreichen. Die zweite Teighälfte darauflegen, gut andrücken und mit einem langen Messer die Ravioli teilen. Das Brett wenden und die Nudeln herausklopfen.

6. Ravioli etwas trocknen lassen. Wasser in einem großen Topf zugedeckt zum Kochen bringen. Dann Salz zugeben. Die Ravioli darin portionsweise etwa 5 Minuten garen und mit einer Schaumkelle herausnehmen.

7. Die Paprikasauce auf Tellern verteilen, Ravioli darauf anrichten und mit Dill garnieren.

LAMMEINTOPF MIT BANDNUDELN

Zubereitungszeit: 25 MInuten, ohne Einweichzeit
Garzeit: 60 Minuten
▲ Mit Alkohol

ZUTATEN FÜR 6 PORTIONEN

ZUM VORBEREITEN:

300 g getrocknete Aprikosen

FÜR DEN EINTOPF:

1 kg Lammfleisch (aus der Keule)
8 EL Olivenöl
4 Knoblauchzehen
4 Zwiebeln
1 ½ l Fleischbrühe
2 Lorbeerblätter
Salz
gem. Pfeffer
1 TL gem. Koriander
500 g Möhren
2 Bund Frühlingszwiebeln
1 Bund glatte Petersilie
250 ml Rotwein

FÜR DIE NUDELN:

Salz
350 g dünne Bandnudeln

PRO PORTION:

E: 51 g, F: 47 g, Kh: 77 g, kcal: 1025

1. Zum Vorbereiten getrocknete Aprikosen in kaltem Wasser einweichen. Für den Eintopf Lammfleisch mit Küchenpapier abtupfen und in Würfel schneiden. Olivenöl in einem Topf erhitzen. Lammfleischwürfel darin von allen Seiten anbraten.

2. Knoblauch und Zwiebeln abziehen, in kleine Würfel schneiden, zu den Lammfleischwürfeln geben und kurz mit andünsten. Brühe hinzugießen. Mit Lorbeerblättern, Salz, Pfeffer und Koriander würzen. Die Zutaten zum Kochen bringen und zugedeckt etwa 45 Minuten garen.

3. Für die Nudeln in der Zwischenzeit Wasser in einem großen Topf zugedeckt zum Kochen bringen. Dann Salz und Bandnudeln zugeben. Die Nudeln im geöffneten Topf bei mittlerer Hitze nach Packungsanleitung bissfest kochen, dabei gelegentlich umrühren. Anschließend die Nudeln in ein Sieb geben, mit heißem Wasser abspülen und abtropfen lassen.

4. Inzwischen die Möhren putzen, schälen, abspülen, abtropfen lassen und in Scheiben schneiden. Die eingeweichten Aprikosen abtropfen lassen und in Würfel schneiden. Möhrenscheiben und Aprikosenwürfel zu den Lammfleischwürfeln in die Brühe geben, wieder zum Kochen bringen und weitere etwa 10 Minuten mitgaren lassen.

5. Frühlingszwiebeln putzen, abspülen, abtropfen lassen, in Scheiben schneiden, in den Eintopf geben und noch etwa 5 Minuten mitgaren lassen.

6. Die Petersilie abspülen und trocken tupfen. Die Blättchen von den Stängeln zupfen und klein schneiden.

7. Nudeln, Rotwein und Petersilie in den Eintopf geben und erhitzen. Den Eintopf nochmals mit den Gewürzen abschmecken.

TIPP:

Dazu schmeckt mit Butter bestrichenes und mit Schnittlauchröllchen bestreutes Bauernbrot besonders gut.

LASAGNE

Zubereitungszeit: 45 Minuten
Backzeit: etwa 35 Minuten

ZUTATEN FÜR 6 PORTIONEN

FÜR DIE BOLOGNESER SAUCE:

2 Zwiebeln
2 Knoblauchzehen
2 EL Olivenöl
300 g Thüringer Mett
(gewürztes Schweinegehacktes)
800 g stückige Tomaten (aus der Dose)
125 ml Gemüsebrühe
1 EL Tomatenmark
1 Lorbeerblatt
½ EL gehacktes Basilikum
Salz
Tabasco

FÜR DIE BÉCHAMELSAUCE:

30 g Butter oder Margarine
25 g Weizenmehl
300 ml Milch
200 ml Gemüsebrühe
200 g ger. Gratin-Käse
Salz, gem. Pfeffer
ger. Muskatnuss

12 Lasagneblätter (knapp 250 g, ohne Vorgaren)

PRO PORTION:

E: 27 g, F: 31 g, Kh: 38 g, kcal: 548

1. Für die Bologneser Sauce Zwiebeln und Knoblauchzehen abziehen, beides würfeln. Öl in einem Topf oder einer Pfanne erhitzen. Das Mett darin unter Rühren braten, dabei Klümpchen mit einer Gabel zerkleinern. Zwiebel- und Knoblauchwürfel zugeben und mitdünsten.

2. Tomaten mit Saft, Brühe, Tomatenmark, Lorbeer und Basilikum dazugeben und etwa 5 Minuten leicht kochen lassen. Mit Salz und Tabasco abschmecken.

3. Den Backofen vorheizen.
Ober-/Unterhitze: etwa 200 °C
Heißluft: etwa 180 °C

3. Für die Béchamelsauce Butter oder Margarine in einem Topf zerlassen. Mehl unter Rühren so lange darin erhitzen, bis es hellgelb ist. Nach und nach Milch und Gemüsebrühe zugießen, mit einem Schneebesen durchschlagen, so dass keine Klümpchen entstehen. Sauce einmal aufkochen. Ein Drittel des Käses unterrühren, die Sauce kräftig mit Salz, Pfeffer und Muskat würzen.

4. Lorbeer aus der Sauce entfernen. Auf den Boden einer eckigen Auflaufform (gefettet, etwa 20 x 30 cm) etwas Bologneser Sauce geben. Darauf eine Schicht Lasagneblätter legen, dann wieder Bologneser Sauce daraufgeben und mit etwa 3 Esslöffeln Béchamelsauce beträufeln. Nacheinander weiter so einschichten, sodass 4 Lasagneschichten entstehen.

5. Béchamelsauce auf die oberste Lasagneschicht streichen und mit dem restlichen Käse bestreuen. Die Form auf dem Rost in den vorgeheizten Backofen schieben und die Lasagne **etwa 35 Minuten backen.**

REZEPTVARIANTE:

Für eine **Spinat-Lasagne** 2 Esslöffel Olivenöl in einem Topf erhitzen. 1 abgezogene, gewürfelte Knoblauchzehe und 2 abgezogene, gewürfelte Zwiebeln darin dünsten. 450 g aufgetauten TK-Blattspinat zufügen und etwa 4 Minuten mitdünsten. Mit Salz und Pfeffer abschmecken. Eine Béchamelsauce aus 60 g Butter, 50 g Weizenmehl, 600 ml Milch, 200 ml Gemüsebrühe und Gewürzen wie im Rezept beschrieben zubereiten. Lasagne in die Auflaufform einschichten, mit 500 g in Stücke gezupftem Mozzarella belegen und wie im Rezept angegebenen backen.

LASAGNE MIT QUARK UND ÄPFELN

Zubereitungszeit: 30 Minuten
Garzeit: etwa 45 Minuten
+ Vegetarisch

ZUTATEN FÜR 6 PORTIONEN

2 Eier (Größe M)
500 g Speisequark (20 % Fett)
150 g Crème fraîche
125 ml Milch (3,5 % Fett)
70 g Zucker
3 Äpfel (etwa 400 g)
250 g Lasagneplatten (ohne Vorgaren)
360 g Apfelmus (aus dem Glas)
30 g Hagelzucker
1 Msp. gem. Zimt
30 g Butter

PRO PORTION:

E: 20 g, F: 20 g, Kh: 64 g, kcal: 542

1. Den Backofen vorheizen.
Ober-/Unterhitze: etwa 180 °C
Heißluft: etwa 160 °C

2. Eier, Quark, Crème fraîche, Milch und Zucker in einer Rührschüssel verrühren. Äpfel heiß abwaschen, abtrocknen und die Kerngehäuse mit einem Apfelausstecher ausstechen. Äpfel in Scheiben schneiden.

3. Lasagneplatten und die Quark-Eier-Masse in je 4 Portionen, Apfelmus und Apfelscheiben in je 3 Portionen teilen. Abwechselnd je eine Schicht Lasagneplatten, Quark-Eier-Masse, Apfelmus und Apfelscheiben in eine Auflaufform (gefettet) schichten.

4. Diesen Vorgang noch zweimal wiederholen. Restliche Lasagneplatten und die restliche Quark-Eier-Masse daraufgeben.

5. Hagelzucker mit Zimt mischen und auf die Quark-Eier-Masse streuen. Butter in Flöckchen daraufsetzen. Die Form auf dem Rost in den vorgeheizten Backofen schieben. Die Lasagne **etwa 45 Minuten garen.**

LINGUINE IN SELLERIE-ZITRONENRAHM

Zubereitungszeit: 25 Minuten

ZUTATEN FÜR 4 PORTIONEN

FÜR DIE NUDELN:

Salz
350–400 g grüne Linguine (schmale Bandnudeln)

FÜR DEN RAHM:

1 Zwiebel
4 Stängel frischer Salbei
3 EL Butter oder Speiseöl
700 g möglichst junge Sellerieknollen
gem. Pfeffer, 4 EL Zitronensaft
100 ml heiße Gemüsebrühe (Instant)
200 g Schlagsahne
1 Prise Zucker

ZUSÄTZLICH:

150 g Räucherlachs oder etwa 125 g Parmaschinken

PRO PORTION:

E 22 g, F: 32 g, Kh: 71 g, kcal: 665

1. Für die Nudeln Wasser in einem großen Topf zugedeckt zum Kochen bringen. Dann Salz und Linguine zugeben. Die Nudeln im geöffneten Topf bei mittlerer Hitze nach Packungsanleitung bissfest kochen, dabei gelegentlich umrühren.

2. In der Zwischenzeit für den Rahm Zwiebel abziehen und in kleine Würfel schneiden. Salbei abspülen und trocken tupfen. Die Blättchen von den Stängeln zupfen. Butter oder Speiseöl in einer Pfanne zerlassen bzw. erhitzen. Die Salbeiblättchen darin knusprig braten (Vorsicht - es spritzt!). Salbeiblättchen herausnehmen und auf Küchenpapier abtropfen lassen.

3. Zwiebelwürfel in dem verbliebenen Bratfett glasig dünsten. Sellerie putzen, schälen, abspülen, abtropfen lassen, in Streifen schneiden, zu den Zwiebelwürfeln geben und mit andünsten. Mit Salz und Pfeffer würzen, mit Zitronensaft und Brühe ablöschen, zum Kochen bringen und etwa 5 Minuten dünsten.

4. Die garen Nudeln in ein Sieb geben, mit heißem Wasser abspülen und abtropfen lassen.

5. Sahne unter die gedünsteten Selleriestreifen rühren. Nochmals mit Salz, Pfeffer und Zucker würzen. Die Zutaten sämig einkochen. Mit Salz, Pfeffer und Zitronensaft abschmecken.

6. Die Nudeln mit dem Sellerie-Zitronenrahm, den Salbeiblättchen und Räucherlachs- oder Parmaschinkenscheiben anrichten.

LINGUINE MIT KAPERN UND ARTISCHOCKEN

Zubereitungszeit: 30 Minuten
+ Vegetarisch

ZUTATEN FÜR 4 PORTIONEN

2 kleine, rote Chilischoten
2 Knoblauchzehen
100 g abgetropfte, getrocknete Tomaten, in Öl
Tomatenöl (von den Tomaten)
180 g abgetropfte Artischockenböden (in Lake, aus dem Glas)
1 Bund Rucola
Salz
500 g Linguine (schmale Bandnudeln)
4 EL entsteinte Taggiasca-Oliven
2 EL abgetropfte feine Kapern
2 EL Olivenöl

PRO PORTION:

E: 18 g, F: 30 g, Kh: 96 g, kcal: 754

1. Chilischoten entstielen, entkernen, abspülen, abtropfen lassen und in feine Ringe schneiden. Knoblauch abziehen und in feine Scheiben schneiden. Von den getrockneten Tomaten das Öl auffangen. Die Tomaten vierteln.

2. Artischockenböden abspülen, abtropfen lassen und in gleich große Stücke schneiden.

3. Rucola verlesen und dicke Stängel abschneiden. Rucola abspülen, gut abtropfen lassen oder trocken schleudern und grob zerschneiden.

4. Wasser in einem großen Topf zugedeckt zum Kochen bringen. Dann Salz und Nudeln zugeben. Die Nudeln im geöffneten Topf bei mittlerer Hitze nach Packungsanleitung bissfest kochen, dabei gelegentlich umrühren.

5. In der Zwischenzeit das aufgefangene Öl von den Tomaten in einer Pfanne erhitzen. Chiliringe, Knoblauchscheiben, Tomatenviertel und Artischocken darin andünsten. Eine Suppenkelle von dem kochenden Nudelwasser hinzugeben, Oliven und Kapern unterrühren.

6. Die gegarten Nudeln in ein Sieb geben, mit heißem Wasser abspülen und abtropfen lassen.

7. Die Linguine mit dem Olivenöl und dem Gemüse vermengen. Linguine anrichten und mit Rucola bestreut servieren.

LINGUINE MIT ZUCCHINI UND SCHAFSKÄSEWÜRFELN

Zubereitungszeit: 40 Minuten
+ Vegetarisch

ZUTATEN FÜR 8 PORTIONEN

FÜR DIE NUDELN:

800 g Linguine (schmale Bandnudeln)

FÜR DIE SAUCE:

1,2 kg Zucchini
2 Zwiebeln
2 Knoblauchzehen
2 kleine, rote Chilischoten
Salz
800 g Linguine (schmale Bandnudeln)
4 EL Olivenöl
6–8 Stängel frischer Thymian oder
1 TL gerebelter Thymian
gem. Pfeffer
400 g Schlagsahne
350–400 g gewürfelter Schafskäse

PRO PORTION:

E: 24 g, F: 34 g, Kh: 76 g, kcal: 713

1. Die Nudeln in 2 Portionen kochen. Dafür jeweils Wasser in einem großen Topf zugedeckt zum Kochen bringen.

2. In der Zwischenzeit für die Sauce Zucchini abspülen, abtrocknen und die Enden abschneiden. Zucchini längs vierteln, dann in Würfel schneiden. Zwiebeln und Knoblauch abziehen, in kleine Würfel schneiden. Chilischoten halbieren, entstielen, entkernen, abspülen, abtropfen lassen und in Ringe schneiden.

3. Salz und Nudeln ins kochende Wasser geben. Die Nudeln im geöffneten Topf bei mittlerer Hitze nach Packungsanleitung bissfest kochen, dabei gelegentlich umrühren.

4. Olivenöl in einer großen Pfanne erhitzen. Zwiebel- und Knoblauchwürfel darin andünsten. Zucchiniwürfel hinzufügen und unter Wenden 3–5 Minuten mitdünsten lassen. Thymian abspülen und trocken tupfen. Die Blättchen von den Stängeln zupfen. Die Zucchinimasse mit Salz und Pfeffer würzen. Chiliringe und Thymianblättchen unterrühren. Sahne hinzugießen. Die Sauce unter Rühren aufkochen lassen.

5. Die garen Nudeln in ein Sieb geben, mit heißem Wasser abspülen und abtropfen lassen. Die Nudeln zur Zucchini-Sahne-Sauce geben, gut vermengen und nochmals kurz erhitzen. Schafskäse in feine Würfel schneiden. Linguine mit Zucchini-Sahne-Sauce und Schafskäsewürfeln anrichten und sofort servieren.

TIPP:

Nach Belieben mit abgespülten und trocken getupften Thymianstängeln garnieren.

MAKKARONI-AUFLAUF MIT KÖTTBULLAR

Zubereitungszeit. 50 Minuten
Garzeit: etwa 20 Minuten je Backblech

ZUTATEN FÜR 8–10 PORTIONEN

FÜR DIE NUDELN:

1 kg Makkaroni
Salz

FÜR DEN BELAG:

4 mittelgroße Zwiebeln
2 Salatgurken (je etwa 800 g)
1,2 kg frische Bratwurst
4 EL Speiseöl, z. B. Maiskeimöl
3 Bund Frühlingszwiebeln

FÜR DIE EIERMILCH:

300 g Crème fraîche
150 g mittelscharfer Senf
4 Eier (Größe M)
400 g geraspelter Mozzarella
500 ml Milch
gem. Pfeffer

ZUM BESTREUEN:

½ Bund glatte Petersilie

PRO PORTION:

E: 52 g, F: 68 g, Kh: 92 g, kcal: 1192

1. Für die Nudeln Makkaroni in fingerlange Stücke brechen. Wasser in einem großen Topf zugedeckt zum Kochen bringen. Dann Salz und Makkaroni zugeben. Die Makkaroni in 2 Portionen im geöffneten Topf bei mittlerer Hitze nach Packungsanleitung bissfest kochen, dabei gelegentlich umrühren. Anschließend die Makkaroni in ein Sieb geben, mit heißem Wasser abspülen und abtropfen lassen.

2. Den Backofen vorheizen.
Ober-/Unterhitze: etwa 180 °C
Heißluft: etwa 160 °C

3. Für den Belag Zwiebeln abziehen, halbieren und in kleine Würfel schneiden. Gurken schälen und der Länge nach halbieren. Die Kerne mit einem Teelöffel herauslösen. Die Gurke in etwa 1 cm dicke Stücke schneiden.

4. Aus der Bratwurst das Brät so aus dem Darm herausdrücken, dass kleine Klößchen entstehen. Öl in einer Pfanne erhitzen. Die Klößchen darin von allen Seiten anbraten, Zwiebelwürfel hinzugeben und kurz mit anbraten.

5. Frühlingszwiebeln putzen, abspülen, abtropfen lassen und in 1 cm große Stücke schneiden. Für die Eiermilch Crème fraîche mit Senf, Eiern, der Hälfte des Mozzarella, Milch und Frühlingszwiebelstücken verrühren. Mit Salz und Pfeffer würzen.

6. Makkaroni in zwei große Auflaufformen oder auf zwei Backbleche (je 30 x 40 cm, gefettet) geben. Jeweils die Hälfte der Fleischklößchen, Zwiebelwürfel und Gurkenstücke vermengen und auf den Makkaroni verteilen. Die Crème-fraîche-Eiermilch daraufgeben. Restlichen Mozzarella aufstreuen.

7. Die Auflaufformen bzw. Backbleche nacheinander (bei Heißluft zusammen) in den vorgeheizten Backofen schieben. Den Auflauf **etwa 20 Minuten je Backblech garen.**

8. In der Zwischenzeit Petersilie abspülen, trocken tupfen und Blättchen von den Stängeln zupfen. Blättchen fein hacken und vor dem Servieren auf den Auflauf streuen.

TIPP:

Köttbullar ist die schwedische Bezeichnung für Hackbällchen.

MAKKARONI-AUFLAUF MIT SCHINKEN

Zubereitungszeit: 20 Minuten
Garzeit: etwa 40 Minuten

ZUTATEN FÜR 4 PORTIONEN

Salz
300 g Makkaroni
200 g Kochschinken
60 g ger. Käse, z. B. Gouda
2 Eier (Größe M)
250 ml Milch (3,5 % Fett)
gem. Pfeffer
ger. Muskatnuss
2 EL Semmelbrösel
20 g Butter

PRO PORTION:

E: 30 g, F: 19 g, Kh: 62 g, kcal: 541

1. Die Makkaroni in mundgerechte Stücke brechen. Wasser in einem großen Topf zugedeckt zum Kochen bringen. Dann Salz und Makkaroni zugeben. Die Makkaroni im geöffneten Topf bei mittlerer Hitze nach Packungsanleitung bissfest kochen, dabei gelegentlich umrühren.

2. Den Backofen vorheizen.
Ober-/Unterhitze: etwa 200 °C
Heißluft: etwa 180 °C

3. Anschließend die Makkaroni in ein Sieb geben, mit heißem Wasser abspülen und abtropfen lassen.

4. Schinken würfeln. Makkaroni, Schinkenwürfel und Käse abwechselnd lagenweise in eine große, flache Auflaufform (gefettet) schichten.

5. Eier mit Milch verschlagen, mit Salz, Pfeffer und Muskat würzen.

6. Den Auflauf mit der Eiermilch übergießen und mit Semmelbröseln bestreuen. Butter in Flöckchen daraufsetzen.

7. Die Form auf dem Rost in den vorgeheizten Backofen schieben. Den Auflauf **etwa 40 Minuten garen.**

REZEPTABWANDLUNG:

Für einen vegetarischen Auflauf anstelle des Kochschinkens 250 g in 2 Esslöffeln Öl halb gar gedünstete Pilze oder 400 g in Scheiben geschnittene Tomaten und 4 in Scheiben geschnittene, hart gekochte Eier einschichten.

REZEPTVARIANTE:

Für einen **Makkaroni-Gemüse-Auflauf mit Schinken** 1 grüne Paprikaschote halbieren, entstielen, entkernen und die weißen Scheidewände entfernen. Schotenhälften waschen, trocken tupfen und in feine Streifen schneiden. 2 Möhren putzen, schälen, abspülen, abtropfen lassen und in dünne Scheiben schneiden. Die Möhrenscheiben in einer Pfanne mit 2 Esslöffeln Öl andünsten, Paprikastreifen hinzugeben und 3–5 Minuten zugedeckt mitdünsten lassen, dabei gelegentlich umrühren. Beides mit 300 g gekochten Makkaroni und 200 g gewürfeltem Kochschinken vermengen und in eine große, flache Auflaufform (gefettet) geben. Dann 2 Eier (Größe M) mit 250 ml Milch (3,5 % Fett) verschlagen, mit Salz, Pfeffer und Muskat würzen und mit gehackter Petersilie verfeinern. Guss darübergießen. Den Auflauf mit 50 g geriebenem Emmentaler bestreuen und wie im Rezept angegeben im Backofen garen.

MARONEN-PASTA MIT OFEN-KÜRBIS

Zubereitungszeit: 40 Minuten
Ruhezeit: mind. 60 Minuten
Garzeit Gemüse: 40–45 Minuten

FÜR 4 PORTIONEN

FÜR DEN PASTATEIG:

180–200 g Weizenmehl (Type 550)
170 g Kastanienmehl
3 Eier (Größe M)
1 gestr. TL Meersalz
2 EL Olivenöl
etwa 30 ml Wasser

FÜR DAS GEMÜSE:

1 kleiner Hokkaido-Kürbis (etwa 1,2 kg)
1 große, rote Paprikaschote (etwa 250 g)
6 EL Olivenöl
Meersalz, gem. Pfeffer
2 EL frisch gepresster Zitronensaft
2 Knoblauchzehen
1 Stängel frischer Salbei
80 g (6 dünne Scheiben) Frühstücksspeck (Bacon)
250 g gegarte, geschälte Maronen (Esskastanien, vakuumverpackt)
2 EL Butter
1 EL brauner Zucker
evtl. Cayennepfeffer

ZUSÄTZLICH:

Küchenmaschine (Knethaken)
Nudelmaschine

PRO PORTION:

E: 18 g, F: 52 g, Kh: 93 g, kcal: 938

1. Für den Pastateig die angegebenen Zutaten in die Rührschüssel einer leistungsstarken Küchenmaschine geben. Die Zutaten zunächst auf niedrigster Stufe durchmischen und zu einem Teig verkneten. Dann auf mittlerer Stufe so lange durchkneten, bis ein geschmeidiger, glänzender und nicht mehr klebender Teig entstanden ist.

2. Den Teig mit den Händen zu einer glatten Kugel formen, in Frischhaltefolie gewickelt mindestens 60 Minuten in den Kühlschrank legen und ruhen lassen.

3. In der Zwischenzeit für das Gemüse den Backofen vorheizen.
Ober-/Unterhitze: etwa 180 °C
Heißluft: etwa 160 °C

3. Für das Gemüse Kürbis putzen, abspülen, trocken tupfen und halbieren. Kürbishälften entkernen und in etwa 3 cm breite Spalten schneiden. Paprikaschote halbieren, entstielen, entkernen und die weißen Scheidewände entfernen. Schotenhälften abspülen, trocken tupfen und in große Stücke schneiden. Paprikastücke und Kürbisspalten in einem tiefen Backblech oder in einer Fettpfanne gleichmäßig verteilen.

4. Olivenöl mit Meersalz, Pfeffer und Zitronensaft verschlagen. Knoblauch abziehen und in Scheiben schneiden. Salbei abspülen, trocken tupfen und die Blättchen von dem Stängel zupfen, Blättchen in Streifen schneiden. Knoblauchscheiben und Salbeistreifen unter die Olivenölmischung rühren und auf das Gemüse träufeln. Zusätzlich mit etwas Salz und Pfeffer würzen.

5. Speckscheiben jeweils halbieren und auf dem Gemüse verteilen. Das Backblech oder die Fettpfanne in den vorgeheizten Backofen schieben. Das Gemüse mit den Speckscheiben **40–45 Minuten garen**, dabei gelegentlich wenden.

6. Den Nudelteig portionsweise zunächst auf Stufe 7 durch die glatten Walzen der Nudelmaschine drehen. Dann von Stufe 5 dünner werdend bis Stufe 3 zu langen, breiten Bahnen ausrollen. Teigbahnen durch die Schnittwalzen zu schmalen Bandnudeln schneiden. Auf einem leicht bemehlten Geschirrtuch kurz antrocknen lassen.

7. Maronen evtl. kleiner schneiden. Butter in einer Pfanne zerlassen, Maronen darin kurz erhitzen. Mit Zucker bestreuen und durchschwenken, bis der Zucker schmilzt. Mit Salz und nach Belieben mit Cayennepfeffer würzen.

8. In der Zwischenzeit reichlich Wasser in einem Topf zum Kochen bringen. Salz hinzugeben. Dann die Nudeln in 2–3 Portionen ins Wasser geben und etwa 3 Minuten sprudelnd kochen lassen. Die gegarten Nudeln in ein Sieb geben, mit heißem Wasser abspülen und gut abtropfen lassen.

9. Nudeln, Maronen, Speck und Gemüse auf vorgewärmten Tellern anrichten. Das angesammelte Gemüse-Würzöl vom Backblech oder der Fettpfanne zum Schluss über die Nudeln träufeln, sofort servieren.

TIPP:

Wer dieses Gericht lieber vegetarisch servieren möchte, lässt den Speck einfach weg und serviert Nudeln und Gemüse z. B. mit 125 g fein zerbröseltem Schafskäse.

MAULTASCHEN MIT KRÄUTERFÜLLUNG

● Zubereitungszeit: 40 Minuten, ohne Ruhezeit
Garzeit: etwa 30 Minuten
+ Vegetarisch

ZUTATEN FÜR 4 PORTIONEN

FÜR DEN TEIG:

300 g Weizenmehl
3 Eier (Größe M)
1 EL Speiseöl, z. B. Sonnenblumenöl
½ TL Salz

FÜR DIE FÜLLUNG:

2 Bund Petersilie
1 Bund Schnittlauch
1 Ei (Größe M)
50 g Semmelbrösel
Salz
ger. Muskatnuss

ZUM BESTREICHEN:

1 Eiweiß

FÜR DAS GEMÜSE:

500 g Wirsing
400 g Möhren
300 g weiße Rübe
400 g Steckrübe
2 EL Olivenöl
500 ml Gemüsebrühe
gem. Pfeffer

etwa 2 l Gemüsebrühe
2–3 EL Schmittlauchröllchen

PRO PORTION:

E: 23 g, F: 15 g, Kh: 85 g, kcal: 568

1. Für den Teig das Mehl in eine Rührschüssel geben. Eier, Öl und Salz zufügen. Die Zutaten mit einem Mixer (Knethaken) kurz auf niedrigster, dann auf höchster Stufe in etwa 3 Minuten zu einem glatten Teig verarbeiten, evtl. noch etwas Wasser zugeben. Den Teig zugedeckt etwa 40 Minuten ruhen lassen.

2. Für die Füllung Petersilie und Schnittlauch abspülen und trocken tupfen. Die Petersilienblättchen von den Stängeln zupfen und mit dem Schnittlauch fein hacken. Petersilie und Schnittlauch mit dem Ei und den Semmelbröseln in einer Schüssel vermischen, mit Salz und Muskat würzen.

3. Den Teig auf der leicht bemehlten Arbeitsfläche dünn zu einem Rechteck (mindestens 40 x 60 cm) ausrollen. Aus dem Teigrechteck Quadrate (jeweils 10 x 10 cm) ausrädeln. Etwas von der Füllung auf jedes Teigquadrat geben.

4. Das Eiweiß mit einer Gabel verschlagen und die Teigränder damit bestreichen. Die Teigquadrate zu Dreiecken übereinanderklappen, die Ränder andrücken.

5. Für das Gemüse von dem Wirsing die groben äußeren Blätter entfernen. Den Wirsing vierteln, abspülen, abtropfen lassen und den Strunk herausschneiden. Kohl in feine Streifen schneiden.

6. Möhren und Rüben putzen, schälen, abspülen, abtropfen lassen und in Würfel schneiden.

7. Olivenöl in einem Bratentopf erhitzen. Die Wirsingstreifen, die Möhren- und Rübchenwürfel darin unter Rühren anbraten.

8. Die Brühe hinzugießen. Das Gemüse mit Salz und Pfeffer würzen und etwa 20 Minuten schmoren, dabei gelegentlich umrühren.

9. Inzwischen die Brühe in einem großen Topf erhitzen. Die Maultaschen portionsweise hineingeben und ohne Deckel bei mittlerer Hitze in etwa 5 Minuten gar ziehen lassen. Die gegarten

Maultaschen mit einer Schaumkelle aus der Brühe nehmen, warm stellen.

10. Das Gemüse mit den Maultaschen und Schnittlauchröllchen bestreut servieren.

TIPP:

Schneller geht die Zubereitung der Kräutermaultaschen, wenn Sie fertigen Nudelteig (aus- und aufgerollt aus dem Kühlregal oder TK-Nudelteig, nach Packungsanleitung aufgetaut) verwenden.

MAULTASCHEN MIT LEBER

Zubereitungszeit: 50 Minuten, ohne Ruhezeit

ZUTATEN FÜR 4 PORTIONEN

FÜR DEN NUDELTEIG:

500 g Weizenmehl
4 Eier (Größe M)
2 EL Speiseöl, z. B. Rapsöl
1 Prise Salz

FÜR DIE FÜLLUNG:

100 g Leber
220 g Rindergehacktes
1 Ei (Größe M)
3 EL Semmelbrösel
2 EL Zwiebelwürfel
1 EL gehackte Petersilie
Salz
gem. Pfeffer
ger. Muskatnuss

ZUM BESTREICHEN:

1 Ei (Größe M)

FÜR DIE SUPPE:

1 EL Speiseöl, z. B. Rapsöl
1 Gemüsezwiebel, in Scheiben
800 ml Rinderfond oder -brühe
3 EL Schnittlauchröllchen

PRO PORTION:

E: 44 g, F: 29 g, Kh: 102 g, kcal: 898

1. Für den Nudelteig Mehl in eine Rührschüssel geben. Eier, Speiseöl und Salz hinzufügen. Die Zutaten mit Mixer (Knethaken) zu einem glatten Teig verarbeiten. Den Teig in Frischhaltefolie gewickelt etwa 40 Minuten ruhen lassen.

2. Für die Füllung die Leber mit Küchenpapier abtupfen, fein hacken und in eine Schüssel geben. Gehacktes, Ei, Semmelbrösel, Zwiebelwürfel und Petersilie hinzufügen. Die Zutaten gut verkneten. Anschließend mit Salz, Pfeffer und Muskat würzen.

3. Den Nudelteig auf der bemehlten Arbeitsfläche dünn ausrollen und in etwa 6 x 8 cm große Rechtecke schneiden.

4. Jeweils 1 Esslöffel von der Fleischmasse auf die Teigrechtecke geben. Zum Bestreichen das Ei mit einer Gabel verschlagen. Die Teigränder damit bestreichen. Die belegten Teigstücke zusammenklappen und die Ränder andrücken.

5. Für die Suppe das Öl in einem Topf erhitzen. Zwiebelscheiben darin andünsten. Rinderfond oder -brühe hinzugießen, zum Kochen bringen und etwas einkochen lassen. Die Maultaschen hinzugeben, wieder zum Kochen bringen und etwa 10 Minuten köcheln lassen. Das Ganze eventuell mit Salz und Muskat abschmecken.

6. Maultaschen mit Schnittlauchröllchen bestreut servieren.

MIE-NUDELN MIT FISCHFILET UND PAK CHOI

Zubereitungszeit: 30 Minuten

ZUTATEN FÜR 4 PORTIONEN

500 g Fischfilet
1 EL China-Gewürzzubereitung
800 g Pak Choi
3 Schalotten
20 g frischer Ingwer
100 g Shiitake-Pilze
250 g Mie-Nudeln (asiatische Instant-Nudeln)
6 EL Erdnussöl
1 EL Koriandergrün
2 EL Fischsauce
2 EL Austernsauce

PRO PORTION:

E: 33 g, F: 18 g, Kh: 54 g, kcal: 509

1. Fischfilet mit Küchenpapier abtupfen, in etwa 2 cm große Würfel schneiden und anschließend mit China-Gewürzzubereitung würzen.

2. Pak Choi putzen und in einzelne Blätter zupfen. Die Blätter gründlich waschen und gut abtropfen lassen. Die Stängel von den Blättern schneiden. Stängel und Blätter jeweils getrennt in etwa 1 cm breite Streifen schneiden.

3. Schalotten abziehen. Ingwer schälen. Schalotten und Ingwer in kleine Würfel schneiden.

4. Shiitake-Pilze putzen, evtl. kurz abspülen und trocken tupfen. Die dicken, unteren Stiele entfernen oder die Stiele ganz herausdrehen. Pilze in Scheiben schneiden.

5. Mie-Nudeln nach Packungsanleitung zubereiten. Die Nudeln in ein Sieb geben, kurz abspülen und abtropfen lassen.

6. Erdnussöl in einem Wok erhitzen. Die Fischwürfel darin unter Rühren anbraten, herausnehmen und warm stellen. Pak-Choi-Stängel und Pilzscheiben im verbliebenen Bratfett unter Rühren andünsten. Schalotten- und Ingwerwürfel hinzufügen, kurz mitdünsten lassen. Anschließend die Pak-Choi-Blätter unterrühren. Mit Koriandergrün, Fisch- und Austernsauce würzen.

7. Mie-Nudeln vorsichtig unterheben. Die Fischwürfel in den Wok geben und die Mie-Nudeln mit Viktoriabarsch und Pak Choi sofort servieren.

TIPP:

Statt Pak Choi kann auch Mangold verwendet werden.

MINESTRONE

Zubereitungszeit: 40 Minuten
Garzeit: etwa 15–20 Minuten

ZUTATEN FÜR 4 PORTIONEN:

200 g Möhren
300 g vorwiegend festkochende Kartoffeln
1 kleine Zucchini (etwa 150 g)
1 Stange Lauch (etwa 200 g)
100 g Staudensellerie
100 g grüne Bohnen
2 Zwiebeln
50 g durchwachsener Speck
2 große Tomaten (etwa 400 g)
2 EL Olivenöl
1 l Gemüsebrühe
100 g TK-Erbsen
50 g Gabelspaghetti oder Hörnchennudeln
je 2 EL fein geschnittene Petersilien- und Basilikumblättchen
Salz
Paprikapulver rosenscharf
40 g frisch geriebener Parmesan

PRO PORTION:

E: 14 g, F: 13 g, Kh: 32 g, kcal: 305

1. Die Möhren putzen, schälen, abspülen, abtropfen lassen und würfeln. Die Kartoffeln schälen, abspülen, abtropfen lassen und in kleine Würfel schneiden.

2. Zucchini abspülen, abtrocknen und die Enden abschneiden. Zucchini in Scheiben schneiden. Lauch putzen, die Stange längs halbieren, gründlich waschen und abtropfen lassen, dann in kleine Stücke schneiden.

3. Staudensellerie putzen, abspülen und abtropfen lassen. Sellerie in dünne Scheiben schneiden.

4. Von den Bohnen die Enden abschneiden. Die Bohnen evtl. abfädeln, abspülen, abtropfen lassen und in Stücke schneiden. Zwiebeln abziehen und in Würfel schneiden. Speck in kleine Würfel schneiden.

5. Die Tomaten kreuzweise einschneiden und mit kochendem Wasser übergießen. Nach 1–2 Minuten herausnehmen und mit kaltem Wasser abschrecken. Tomaten häuten, halbieren und die Stängelansätze herausschneiden. Tomaten entkernen und klein schneiden.

6. Das Olivenöl in dem Topf erhitzen. Zuerst die Zwiebel- und Speckwürfel unter Rühren darin andünsten. Möhren, Kartoffeln, Staudensellerie und Bohnen dazugeben und etwa 2 Minuten mitdünsten.

7. Gemüsebrühe hinzugießen, alles zum Kochen bringen und zugedeckt 10–12 Minuten bei mittlerer Hitze kochen. Zucchini, Lauch, Erbsen und Nudeln hinzufügen, wieder zum Kochen bringen und noch 5–7 Minuten mit Deckel kochen.

8. Tomaten mit Petersilie und Basilikum in die Suppe geben und darin erhitzen. Die Suppe mit Salz und Paprikapulver würzen. Zum Servieren Parmesan auf die Suppe streuen.

TIPP:

Die Nudeln immer nur knapp gar kochen (Packungsanleitung beachten), da sie in der heißen Suppe noch nachgaren.

MINI-MUSCHELNUDEL-SALAT MIT MANGO

Zubereitungszeit: 30 Minuten, ohne Durchziehzeit

ZUTATEN FÜR 6 PORTIONEN

etwa 750 g Lachsfilet
2 EL Speiseöl, z. B. Olivenöl
Salz
gem. Pfeffer
250 g Mini-Muschel-Nudeln
2 Mangos (etwa 750 g)
1–2 Granatäpfel (etwa 225 g)

FÜR DAS DRESSING:

2–3 Stängel Minze
100 ml weißer Balsamico-Essig
50 ml Sweet- & Sour-Sauce
125 ml Olivenöl

PRO PORTION:

E: 31 g, F: 37 g, Kh: 49 g, kcal: 666

1. Das Lachsfilet mit Küchenpapier abtupfen und in mundgerechte Stücke schneiden, dabei evtl. vorhandene Gräten entfernen.

2. Das Speiseöl in einer großen Pfanne erhitzen. Die Lachsstücke darin unter Wenden anbraten, mit Salz und Pfeffer würzen, dann aus der Pfanne nehmen.

3. Wasser in einem großen Topf zugedeckt zum Kochen bringen. Dann Salz und Nudeln zugeben. Die Nudeln im geöffneten Topf bei mittlerer Hitze nach Packungsanleitung bissfest kochen, dabei gelegentlich umrühren. Anschließend die Nudeln in ein Sieb geben, mit kaltem Wasser abspülen und abtropfen lassen.

4. Die Mangos schälen und das Fruchtfleisch vom Kern schneiden. Das Fruchtfleisch fein würfeln.

5. Die harte Haut der Granatäpfel abschälen, die Früchte in mehreren Teilen auseinanderbrechen und mit einer kleinen Gabel die Kerne von den Scheidewänden lösen (Vorsicht: Es spritzt!).

6. Für das Dressing Minze abspülen, trocken tupfen und die Blättchen von den Stängeln zupfen. Einige Blättchen zum Garnieren beiseitelegen. Die restlichen Blättchen klein schneiden.

7. Balsamico-Essig mit Sweet- & Sour-Sauce verrühren, die Minze unterrühren, mit Salz und Pfeffer würzen. Das Olivenöl unterschlagen.

8. Die Nudeln mit den Mangowürfeln und Granatapfelkernen mischen, das Dressing untermischen. Zum Schluss die Lachsstücke vorsichtig unterheben. Den Salat zugedeckt etwa 1 Stunde im Kühlschrank durchziehen lassen.

9. Zum Servieren den Salat nochmals durchmischen, abschmecken und mit den beiseitegelegten Minzeblättchen garnieren.

MISOSUPPE MIT WOK-NUDELN

Zubereitungszeit: 25 Minuten

ZUTATEN FÜR 2 PORTIONEN

4 Frühlingszwiebeln
100 g Zuckerschoten
600 ml Hühnerbrühe
2 TL Miso (chinesische Würzpaste, erhältlich im Asialaden)
40 g Wok-Nudeln (Instant-Nudeln)
100 g abgetropfte Bambusschößlinge in Streifen (aus dem Glas)
2 TL Sesamöl
2 TL Sojasauce
1–1 ½ TL Weißweinessig
evtl. Salz
gem. Pfeffer

PRO PORTION:

E: 8 g, F: 6 g, Kh: 28 g, kcal: 201

1. Frühlingszwiebeln putzen, abspülen, abtropfen lassen und in feine Scheiben schneiden. Von den Zuckerschoten die Enden abschneiden, evtl. abfädeln. Schoten abspülen, abtropfen lassen und schräg in Stücke schneiden.

2. Die Hühnerbrühe mit Miso in einem Topf unter gelegentlichem Rühren bei starker Hitze zum Kochen bringen. Die Nudeln hinzufügen und alles zugedeckt etwa 3 Minuten bei mittlerer Hitze kochen lassen.

3. Bambusschößlinge, Frühlingszwiebelscheiben und Zuckerschotenstücke hinzufügen. Alles erneut zum Kochen bringen und zugedeckt bei schwacher bis mittlerer Hitze weitere etwa 2 Minuten garen, bis das Gemüse und die Nudeln bissfest sind. Den Topf von der Kochstelle nehmen.

4. Die Suppe mit Sesamöl, Sojasauce, Essig, evtl. Salz und Pfeffer pikant abschmecken. Die Suppe in Schälchen servieren.

TIPP:

Die Misosuppe ist ein fester Bestandteil – vom Frühstück bis zum Abendessen – in der japanischen Esskultur und die Misopaste die Grundzutat und Basis für viele Gerichte in Japan. Misopaste wird oftmals in verschiedenen Geschmacksnuancen (mit und ohne Zusatzstoffe und Geschmacksverstärker, von süßlich-mild über herzhaft-würzig bis sehr salzig; je nach Getreidesorte und Dauer des Fermentierens) angeboten. Probieren Sie einfach die Produktpalette durch, bis Sie Ihren Favoriten gefunden haben. Übrige Misopaste können Sie im Kühlschrank lagern.

REZEPTVARIANTE:

Sehr lecker schmeckt Rührei in der Suppe (Foto). Dafür 2 kleine Eier (Größe S) und 2 Teelöffel Milch (1,5 % Fett) mit einer Gabel verschlagen. Dann 2 Teelöffel Speiseöl in einer kleinen Pfanne erhitzen. Die Eiermilch hineingeben und zum Rührei braten. Das Rührei mit 2 Gabeln zerpflücken und in die heiße Suppe geben.

MOHNNUDEL-MUFFINS MIT BEERENGRÜTZE

Zubereitungszeit: 35 Minuten
Backzeit: 25–30 Minuten

ZUTATEN FÜR 4–6 PERSONEN (12 STÜCK)

175 g kleine Hörnchennudeln
(Mini Pipe Rigate, Kochzeit etwa 6 Minuten; alternativ etwa 350 g gegarte Nudeln vom Vortag)
Meersalz

3 Eier (Größe M)
200 g Magerquark oder Speisequark
(20 % Fett)
3–4 EL Zucker
1 TL fein abger. Schale von 1 Bio-Zitrone
(unbehandelt, ungewachst)
1 Pck. Vanillin-Zucker
10 g Speisestärke
25 g frisch geschroteter Mohnsamen
(alternativ etwa 75 g Mohnback, backfertige Mohnmischung)

FÜR DIE ROTE BEERENGRÜTZE:

etwa 750 g gemischte rote Früchte
(z. B. entsteine Kirschen, Johannisbeeren, Himbeeren, Erdbeeren; frisch oder TK)
etwa 20 g Speisestärke
etwa 300 ml roter Fruchtsaft
(z. B. Johannisbeere; alternativ Apfelsaft)
2–3 EL Zucker
(nach Geschmack und Fruchtmischung)
1 Prise gem. Zimt

ZUSÄTZLICH:

1 Muffinform für 12 Muffins
12 Papierbackförmchen mit hohem Rand

PRO PORTION:

E: 20 g, F: 7 g, Kh: 80 g, kcal: 519

1. Wasser in einem großen Topf zum Kochen bringen. Nudeln und 2 Teelöffel Meersalz hinzugeben. Die Nudeln im geöffneten Topf bei mittlerer Hitze nach Packungsanleitung etwa 4 Minuten vorgaren. Die Nudeln in ein Sieb geben und gut abtropfen lassen.

2. Den Backofen vorheizen.
Ober-/Unterhitze: etwa 180 °C
Heißluft: etwa 160 °C

3. Eier, Quark, Zucker, Zitronenschale, Vanillin-Zucker, Speisestärke und Mohn in einer Schüssel glatt verrühren. Die gegarten Nudeln untermischen. Nudel-Quark-Masse in den Vertiefungen einer Muffinform (für 12 Muffins, gut gefettet, mit Papierbackförmchen ausgelegt) verteilen. Die Form auf dem Rost in den vorgeheizten Backofen schieben. Mohnnudel-Muffins **25–30 Minuten backen.**

4. In der Zwischenzeit für die Grütze frische Früchte putzen, abspülen, abtropfen lassen und entstielen. Speisestärke mit 4 Esslöffeln Saft anrühren. Restlichen Saft, frische oder die gefrorenen Früchte, Zucker nach Geschmack und Zimt in einen Topf geben und unter Rühren bei schwacher bis mittlerer Hitze zum Kochen bringen.

5. Angerührte Speisestärke in die Saft-Frucht-Mischung rühren und unter Rühren nochmals kurz aufkochen lassen. Beerengrütze in eine Schüssel füllen.

6. Die Form auf einen Kuchenrost stellen. Die Mohnnudel-Muffins etwa 4 Minuten abkühlen lassen. Dann die Muffins aus der Form heben und aus den Papierbackförmchen lösen. Die Mohnudel-Muffins mit der Beerengrütze anrichten.

NUDELN MIT FISCH UND MEERESFRÜCHTEN

Zubereitungszeit: 70 Minuten
Garzeit: etwa 20 Minuten

ZUTATEN FÜR 4 PORTIONEN

300 g Miesmuscheln
300 g Seeteufelfilet
200 g frische Garnelen (mit Schale)
200 g Kaisergranat oder Scampi

FÜR DIE BRÜHE:

300 g Tintenfischringe
1 Knoblauchzehe
½ Zwiebel
4 EL Speiseöl, z. B. Rapsöl

ZUSÄTZLICH:

2 Tomaten
1 TL Paprikapulver edelsüß
1 l Fischfond (aus dem Glas) oder Gemüsebrühe
300 g feine Fadennudeln
Salz
1 Döschen Safran (etwa 8 Safranfäden)

PRO PORTION:

E: 61 g, F: 27 g, Kh: 56 g, kcal: 764

1. Muscheln in reichlich kaltem Wasser gründlich waschen und einzeln abbürsten, bis sie nicht mehr sandig sind. Muscheln, die sich beim Waschen geöffnet haben, aussortieren, diese sind ungenießbar. Eventuell die Fäden (Bartbüschel) entfernen. Muscheln in einen hohen Topf geben, 100 ml Wasser hinzugeben, zum Kochen bringen und zugedeckt etwa 5 Minuten kochen und herausnehmen. Ungeöffnete Muscheln (diese sind ungenießbar) und die leeren Schalenhälften aussortieren.

2. Für die Brühe Tintenfischringe unter fließendem kalten Wasser abspülen und abtrocknen. Knoblauch abziehen und durch eine Knoblauchpresse drücken. Zwiebel abziehen, halbieren und in kleine Würfel schneiden.

3. Speiseöl in einem Topf erhitzen. Knoblauch und Zwiebelwürfel darin andünsten. Tintenfischringe hinzugeben und bei schwacher bis mittlerer Hitze von beiden Seiten leicht anbraten.

4. Den Backofen vorheizen.
Ober-/Unterhitze: etwa 200 °C
Heißluft: etwa 180 °C

5. Tomaten kreuzweise einschneiden und mit kochendem Wasser übergießen. Nach 1-2 Minuten herausnehmen und mit kaltem Wasser abschrecken. Tomaten häuten, halbieren, entkernen und die Stängelansätze herausschneiden. Tomatenhälften in kleine Würfel schneiden, zu den Tintenfischringen geben und etwa 5 Minuten mitdünsten lassen. Mit Paprika bestäuben und gut unterrühren. Kochenden Fischfond oder Gemüsebrühe, Nudeln, Salz und Safran hinzufügen. Die Zutaten unter Rühren aufkochen lassen.

6. Seeteufelfilet, Garnelen und Kaisergranat oder Scampi (eventuell den Darm entfernen) mit Küchenpapier abtupfen. Seeteufelfilet in grobe Stücke schneiden.

7. Seeteufelfiletstücke, Garnelen und Kaisergranat oder Scampi in einer großen Auflaufform anrichten. Muscheln hinzugeben. Die kochende Brühe mit den Zutaten darauf verteilen. Die Form auf dem Rost in den vorgeheizten Backofen schieben. Nudeln mit Fisch und Meeresfrüchten **etwa 20 Minuten garen.**

NUDELN VOM BLECH

Zubereitungszeit: 60 Minuten
Garzeit: etwa 45 Minuten je Backblech oder Form

ZUTATEN FÜR 12 PORTIONEN

3 Stangen Lauch
Salz
1 kg dünne Bandnudeln (Linguine)
500 g Cocktailtomaten
2 gelbe Paprikaschoten
1 Bund glatte Petersilie

FÜR DEN SAHNEGUSS:

6 Eier (Größe M)
400 g Schlagsahne
300 g Crème fraîche
200 ml Gemüsebrühe
200 g ger. mittelalter Gouda
Salz
gem. Pfeffer

PRO PORTION:

E: 20 g, F: 30 g, Kh: 64 g, kcal: 615

1. Lauch putzen, die Stangen längs halbieren, gründlich waschen, abtropfen lassen und in dicke Streifen schneiden.

2. Wasser in einem großen Topf zugedeckt zum Kochen bringen. Dann Salz und Nudeln zugeben. Die Nudeln im geöffneten Topf bei mittlerer Hitze nach Packungsanleitung bissfest kochen, dabei gelegentlich umrühren.

3. Die Lauchstreifen etwa 3 Minuten vor Ende der Garzeit zu den Nudeln geben und mitgaren lassen.

4. Den Backofen vorheizen.
Ober-/Unterhitze: etwa 200 °C
Heißluft: etwa 180 °C

5. Lauch-Nudel-Mischung in ein Sieb abgießen, mit heißem Wasser abspülen und abtropfen lassen.

6. Tomaten abspülen, abtrocknen, halbieren und die Stängelansätze herausschneiden. Paprikaschoten halbieren, entstielen, entkernen und die weißen Scheidewände entfernen. Schoten abspülen, abtropfen lassen und in Streifen schneiden. Petersilie abspülen und trocken tupfen. Die Blättchen von den Stängeln zupfen. Blättchen klein schneiden.

7. Für den Sahneguss Eier mit Sahne, Crème fraîche und Brühe verschlagen, Käse unterrühren. Mit Salz und Pfeffer würzen.

8. Die Lauch-Nudel-Mischung auf zwei Backblechen (gefettet) oder in zwei großen, flachen Auflaufformen (gefettet) verteilen. Tomatenhälften, Paprikastreifen und Petersilie daraufgeben. Den Sahneguss darauf verteilen. Die Backbleche oder die Formen auf dem Rost nacheinander (bei Heißluft jeweils zusammen) in den vorgeheizten Backofen schieben. Die Nudeln **etwa 45 Minuten je Backblech oder Form garen.**

9. Die Nudeln nach etwa 25 Minuten Garzeit mit Backpapier belegen.

NUDELSALAT MIT DILLGURKEN

Zubereitungszeit: 45 Minuten, ohne Durchziehzeit

ZUTATEN FÜR 4 PORTIONEN

FÜR DEN SALAT:

200 g Nudeln, z. B. Makkaroni
Salz
½ gebratenes Hähnchen (400–500 g)
250 g Staudensellerie
200 g abgetropfte Dillgurken (aus dem Glas)

FÜR DIE SALATSAUCE:

2 EL Crème fraîche
2 EL Naturjoghurt
1 EL Weißweinessig
1–2 EL Dillgurkenflüssigkeit (aus dem Glas)
Salz, gem. Pfeffer
Zucker
1–2 Stängel Dill

PRO PORTION:

E: 27 g, F: 14 g, Kh: 38 g, kcal: 391

1. Für den Salat Makkaroni in etwa 2 cm lange Stücke brechen. Wasser in einem großen Topf zugedeckt zum Kochen bringen. Dann Salz und Nudeln zugeben. Die Nudeln im geöffneten Topf bei mittlerer Hitze nach Packungsanleitung bissfest kochen, dabei gelegentlich umrühren. Anschließend die Nudeln in ein Sieb geben, mit kaltem Wasser abspülen und abtropfen lassen.

2. Inzwischen Hähnchenfleisch von den Knochen lösen. Die Haut entfernen. Das Fleisch in Stücke schneiden. Staudensellerie putzen, abspülen, abtropfen lassen und in dünne Scheiben schneiden. Dillgurken in einem Sieb abtropfen lassen, dabei die Gurkenflüssigkeit auffangen, abmessen und 2 Esslöffel davon beiseitestellen. Gurken ebenfalls in dünne Scheiben schneiden.

3. Für die Salatsauce Crème fraîche mit Joghurt, Essig und Gurkenflüssigkeit verrühren. Sauce mit Salz, Pfeffer und Zucker abschmecken.

4. Die vorbereiteten Salatzutaten mit der Sauce in einer Schüssel mischen. Den Salat gut durchziehen lassen. Dill abspülen, trocken tupfen und die Spitzen von den Stängeln zupfen. Dillspitzen fein schneiden. Vor dem Servieren den Salat mit Salz, Pfeffer und Zucker abschmecken. Dill unterheben.

NUDELSALAT MIT PARMA-SCHINKEN UND MELONE

Zubereitungszeit: 45 Minuten, ohne Durchziehzeit

ZUTATEN FÜR 12 PORTIONEN

FÜR DEN SALAT:

Salz
750 g Nudeln, z. B. Penne
12 Tomaten
einige Stängel Basilikum
300 g Frühlingszwiebeln

FÜR DIE SAUCE:

etwa 125 ml Weißweinessig
3 EL mittelscharfer Senf
gem. Pfeffer
3 Prisen Zucker
150 ml Speiseöl, z. B. Rapsöl
150 g abgetropfte schwarze Oliven (mit Stein)
900 g Honigmelonen-Fruchtfleisch
200 g Parmaschinken (in Scheiben)

PRO PORTION:

E: 14 g, F: 19 g, Kh: 59 g, kcal: 473

1. Für den Salat Wasser in einem großen Topf zugedeckt zum Kochen bringen. Dann Salz und Nudeln zugeben. Die Nudeln – evtl. in 2 Portionen - im geöffneten Topf bei mittlerer Hitze nach Packungsanleitung bissfest kochen, dabei gelegentlich umrühren. Anschließend die Nudeln in ein Sieb geben, mit kaltem Wasser abspülen und abtropfen lassen.

2. Tomaten abspülen, abtrocknen, halbieren und die Stängelansätze herausschneiden. Die Tomaten fein würfeln.

3. Basilikum abspülen, trocken tupfen und die Blättchen von den Stängeln zupfen. Einige Blättchen zum Garnieren beiseitelegen, restliche Blättchen fein schneiden. Frühlingszwiebeln putzen, abspülen, abtropfen lassen und in Scheiben schneiden.

4. Für die Sauce Essig und Senf in einer großen Schüssel verrühren, mit Salz, Pfeffer und Zucker würzen. Speiseöl unterschlagen. Tomatenwürfel, Basilikum, Frühlingszwiebelscheiben, Nudeln und Oliven hinzugeben und untermischen. Den Salat etwa 30 Minuten durchziehen lassen.

5. Melonenfruchtfleisch entkernen und fein würfeln. Den Schinken in Streifen schneiden, mit den Melonenwürfeln kurz vor dem Servieren unter den Nudelsalat geben. Den Salat nochmals abschmecken, anrichten und mit den beiseitegelegten Basilikumblättchen garniert servieren.

TIPP:

Den Salat bereits etwa 4 Stunden vor dem Servieren bis einschließlich Punkt 4 zubereiten. Den Nudelsalat zugedeckt in den Kühlschrank stellen und durchziehen lassen.

OFFENE LASAGNE MIT PULLED-PORK-RAGOUT

Zubereitungszeit: 40 Minuten
Marinierzeit: über Nacht
Schmorzeit: etwa 5 Stunden

ZUTATEN FÜR 4 PORTIONEN

1 EL BBQ-Gewürz
1 EL brauner Zucker
1 kg Schweinenacken, ohne Knochen und Schwarte

2 EL milder Senf
2 mittelgroße Zwiebeln
1 Knoblauchzehe
2 EL Worcester- oder Sojasauce
200 ml Apfelsaft
2–3 EL Apfelessig

FÜR DIE SÜSSKARTOFFEL-MANDEL-SAUCE:

150 g Süßkartoffel
1 Zwiebel
1 Knoblauchzehe
1 TL Olivenöl
250 ml ungesüßter Mandeldrink (Naturkostladen, Drogeriemarkt oder Reformhaus, alternativ eine Mischung aus 50 % Trinkmilch und 50 % Schlagsahne)
Meersalz, gem. Pfeffer

FÜR DIE NUDELN:

18–24 Lasagne-Nudelplatten
3 EL Butter
1 gestr. TL Steinpilz-Hefebrühe (Instant-Paste, z. B. aus dem Reformhaus)

ZUSÄTZLICH:

3–4 Stängel frischer Salbei
etwa 3 EL Pflanzenöl zum Braten

PRO PORTION:

E: 64 g, F: 57 g, Kh: 111 g, kcal: 1223

1. BBQ-Gewürz und Zucker mischen. Fleisch mit Küchenpapier abtupfen und mit Senf gründlich einreiben. Die Gewürzmischung rundum gleichmäßig aufstreuen. Das gewürzte Fleisch in einen Gefrierbeutel geben und alles gründlich durchkneten. Das Fleisch über Nacht im Kühlschrank marinieren.

2. Den Backofen vorheizen.
Ober-/Unterhitze: etwa 130 °C
Heißluft: etwa 110 °C

3. Das marinierte Fleisch aus dem Beutel nehmen und in einen Bräter geben. Zwiebeln und Knoblauch abziehen, in Spalten schneiden und zum Fleisch in den Bräter geben. Worcester- oder Sojasauce, Apfelsaft und Essig in den Folienbeutel geben und die darin noch befindliche Senf-Würzmischung damit lösen. Marinade zum Fleisch gießen. Den Bräter zugedeckt auf dem Rost in den vorgeheizten Backofen schieben. Das Fleisch etwa 5 Stunden garen. Zwischendurch gelegentlich vorsichtig wenden und mit dem Schmorfond begießen. Das Fleisch garen, bis es ganz zart und mürbe ist, sodass es sich mit einer Gabel fein zerzupfen lässt (englisch: to pull).

4. Für die Sauce Süßkartoffel schälen, abspülen, abtropfen lassen und in etwa 2 cm große Würfel schneiden. Zwiebel und Knoblauch abziehen, in feine Würfel schneiden. Olivenöl in einem kleinen Topf erhitzen. Die Zwiebel- und Knoblauchwürfel darin anbraten. Süßkartoffelwürfel hinzugeben und kurz mit andünsten. Mit Mandeldrink oder Sahnemilch ablöschen. Mit Meersalz und Pfeffer würzen. Zugedeckt bei schwacher Hitze ganz weich garen.

5. Das gegarte Fleisch aus dem Backofen nehmen und kurz ruhen lassen. Schmorfond nach Belieben passieren und etwas einkochen. Das Fleisch z. B. mit zwei Gabeln in feine Stückchen zerzupfen und mit dem eingekochten Schmorfond mischen.

6. Für die Nudeln Wasser in einem großen Topf zugedeckt zum Kochen bringen. Etwa 1 ½ Esslöffel Meersalz hinzugeben. Die Nudelplatten

einzeln hineinlegen und umrühren. Die Nudeln etwa 8 Minuten mit noch leichtem Biss garen. Nudelplatten in einem Sieb abtropfen lassen, dabei das Nudelwasser auffangen.

7. Butter in einer großen Pfanne zerlassen. Steinpilz-Brühepaste mit etwa 6 Esslöffeln Nudelkochwasser verrühren, in die Pfanne gießen, aufkochen. Die Nudelplatten einlegen und alles kurz durchschwenken. Süßkartoffel im Kochfond fein pürieren, evtl. passieren. Mit Meersalz und Pfeffer abschmecken.

8. Pflanzenöl in einer Pfanne erhitzen. Salbei abspülen und gut trocken tupfen. Die Blättchen von den Stängeln zupfen und in dem erhitzten Pflanzenöl knusprig braten. (Vorsicht, kann spritzen!). Salbeiblättchen auf Küchenpapier abtropfen lassen und mit etwas Meersalz würzen.

9. Nudelplatten im Wechsel mit dem Pulled Pork auf vorgewärmte Teller schichten. Mit der Mandelsauce und Salbeiblättchen anrichten.

ONE-POT-PASTA MIT MANDEL-ZITRONEN-SAUCE

Zubereitungszeit: 25 Minuten, ohne Abkühlzeit
+ Vegetarisch

ZUTATEN FÜR 2 PORTIONEN

1 Knoblauchzehe
300 ml Gemüsebrühe (Instant)
200 ml ungesüßter Mandeldrink

2 kleine Frühlingszwiebeln
2 kleine Zucchini (etwa 300 g)
180 g Pasta (z. B. kurze Makkaroni; etwa 7 Minuten Kochzeit)
Meersalz, gem. Pfeffer

FÜR DIE GREMOLATA:

30 g geschälte Kürbiskerne
½ Bio-Zitrone (unbehandelt, ungewachst)
etwa ¼ Granatapfel
3 große Blätter frischer Salbei
1 EL Kürbiskernöl
2 EL Olivenöl
1 EL weißes Mandelmus (Naturkostladen oder Bio-Supermarkt)

ZUM BESTREUEN:

evtl. junger Parmesan in feinen Spänen

Pro Portion:
E: 27 g, F: 36 g, Kh: 76 g, kcal: 755

1. Knoblauch abziehen, mit einem großen Messerrücken zerdrücken und in einen Topf geben. Brühe und Mandeldrink hinzugießen.

2. Frühlingszwiebeln putzen, abspülen, abtropfen lassen und in feine Streifen schneiden. Zucchini abspülen, trocken tupfen und die Enden abschneiden. Zucchini in etwa ½ cm dicke Scheiben schneiden.

3. Pasta, etwa ½ Teelöffel Meersalz und Pfeffer zu der Brühe-Mandeldrink-Flüssigkeit in den Topf geben. Alles zunächst einmal kräftig aufkochen lassen, dabei gelegentlich vorsichtig umrühren. Die Zucchinischeiben und Frühlingszwiebelstreifen hinzugeben und untermischen.

4. One-Pot-Pasta bei schwacher Hitze (niedrigste Stufe) unter gelegentlichem vorsichtigem Rühren zugedeckt weitere 4–5 Minuten kochen lassen.

5. Für die Gremolata Kürbiskerne in einer Pfanne ohne Fett unter Rühren rösten, auf einen Teller geben, etwas abkühlen lassen. Dann die Kürbiskerne grob hacken.

6. Zitrone heiß abwaschen, abtrocknen, die Schale fein abreiben und ½ Teelöffel davon abmessen. Zitrone halbieren und von einer Hälfte den Saft auspressen. Granatapfel halbieren, aufbrechen und die Kerne vorsichtig auslösen.

7. Salbeiblätter abspülen, trocken tupfen und fein schneiden. Mit Kürbiskern- und Olivenöl mischen. Kürbis-, Granatapfelkerne und Zitronenschale untermischen. Mit Meersalz und Pfeffer würzen.

8. Mandelmus und den ausgepressten Zitronensaft glatt verrühren.

9. Kurz vor Ende der Garzeit die Mandelmus-Masse unter das Pastagericht rühren. Alle Zutaten sämig, mit noch leichtem Biss einkochen lassen.

10. One-Pot-Pasta mit Meersalz und Pfeffer abschmecken, mit der Gremolata und nach Belieben mit Parmesanspänen bestreut anrichten

TIPPS:

Statt weißem Mandelmus kann man auch Sesampaste (Tahini) verwenden, die etwas preiswerter ist. Oder wer es etwas würziger mag, rührt statt Mandelmus 50 g in feine Würfel geschnittenen Gorgonzola unter die fertige Pasta.

ORECCHIETTE-BLUMEN-KOHL-PFANNE

Zubereitungszeit: 30 Minuten, ohne Abkühlzeit

ZUTATEN FÜR 4 PORTIONEN

2 Eier (Größe M)
2 Frühlingszwiebeln
50 g roher Schinken, in dünnen Scheiben
30 g Butter
2 EL Semmelbrösel
1 TL fein abger. Schale von 1 Bio-Zitrone (unbehandelt, ungewachst)
1 Blumenkohl
2 EL Speiseöl, z. B. Rapsöl
200 ml Gemüsebrühe
125 g Schlagsahne
Salz
gem. Pfeffer
ger. Muskatnuss
250–300 g Orecchiette (Öhrchennudeln)

1–2 TL Weizenmehl

PRO PORTION:

E: 19 g, F: 26 g, Kh: 59 g, kcal: 551

1. Eier in kochendem Wasser in etwa 8 Minuten wachsweich kochen. Die Eier abschrecken und warm stellen.

2. In der Zwischenzeit Frühlingszwiebeln putzen, abspülen, abtropfen lassen und in Scheiben schneiden. Den Schinken in Streifen schneiden.

3. Butter in einer großen Pfanne zerlassen. Schinkenstreifen darin knusprig braten, herausnehmen und auf Küchenpapier abtropfen lassen. Semmelbrösel und Zitronenschale in dem verbliebenen Bratfett unter Rühren goldbraun rösten, herausnehmen und auf einem Teller abkühlen lassen.

4. Vom Blumenkohl die Blätter entfernen und den Strunk abschneiden. Den Blumenkohl in kleine Röschen teilen, abspülen und abtropfen lassen.

5. Speiseöl zum Bratfett in die Pfanne geben. Blumenkohlröschen darin unter vorsichtigem Wenden leicht anbraten. Frühlingszwiebelscheiben hinzugeben und kurz mit anbraten. Brühe und Sahne hinzugießen, mit Salz, Pfeffer und Muskat würzen. Die Zutaten zum Kochen bringen und zugedeckt 8–10 Minuten garen.

6. Inzwischen Wasser in einem großen Topf zugedeckt zum Kochen bringen. Dann Salz und Nudeln zugeben. Die Nudeln im geöffneten Topf bei mittlerer Hitze nach Packungsanleitung bissfest kochen, dabei gelegentlich umrühren.

7. Mehl mit 1 EL kaltem Wasser anrühren, unter Rühren zu den Blumenkohlröschen geben und unter gelegentlichem Rühren 2–3 Minuten köcheln lassen. Die garen Nudeln in ein Sieb geben, mit heißem Wasser abspülen und abtropfen lassen. Nudeln zu den Blumenkohlröschen in die Pfanne geben und gut vermischen. Nochmals mit den Gewürzen abschmecken. Eier pellen und halbieren. Orecchiette mit Blumenkohl, Eierhälften, Semmelbröseln und Schinkenstreifen auf Tellern anrichten.

TIPP:

Das Gericht schmeckt auch lecker mit Brokkoliröschen. Dann die Brokkoliröschen kurz anbraten und anschließend nur etwa 3 Minuten garen.

PAPPARDELLE MIT TINTENFISCHRINGEN

Zubereitungszeit: 25 Minuten

ZUTATEN FÜR 4 PORTIONEN

Salz
500 g Pappardelle (breite, gewellte Bandnudeln)
500 g geputzte Tintenfischtuben (ausgenommene Tintenfischkörper)
2 Knoblauchzehen
1 rote Chilischote
1 Bio-Zitrone (unbehandelt, ungewachst)
1 Bund Petersilie
2–3 EL Olivenöl
gem. Pfeffer

PRO PORTION:

E: 36 g, F: 9 g, Kh: 90 g, kcal: 593

1. Wasser in einem großen Topf zugedeckt zum Kochen bringen. Dann Salz und Nudeln zugeben. Die Nudeln im geöffneten Topf bei mittlerer Hitze nach Packungsanleitung bissfest kochen, dabei gelegentlich umrühren.

2. In der Zwischenzeit die Tintenfischtuben kurz unter fließendem kalten Wasser abspülen, mit Küchenpapier trocken tupfen und in Ringe schneiden.

3. Knoblauch abziehen und in Scheiben schneiden. Chilischote halbieren, entstielen, entkernen, abspülen, abtropfen lassen und in feine Ringe schneiden. Zitrone heiß abwaschen, abtrocknen und die Schale abreiben. Zitrone halbieren und den Saft auspressen. Petersilie abspülen und trocken tupfen. Blättchen von den Stängeln zupfen, klein schneiden.

4. Die garen Nudeln in ein Sieb geben, mit heißem Wasser abspülen, abtropfen lassen und in einer großen Schüssel warm halten.

5. Je die Hälfte des Olivenöls in einem Wok erhitzen. Knoblauchscheiben, Chili- und Tintenfischringe darin in 2 Portionen jeweils 1–2 Minuten braten (nicht zu lange, Tintenfischringe werden sonst zäh).

6. Nun die Tintenfischringe mit Salz, Pfeffer, Zitronenschale und -saft abschmecken. Tintenfischringe mit der Petersilie sofort unter die heißen Bandnudeln rühren.

PAPRIKA-PASTA-FRITTATA

◷ Zubereitungszeit: 30 Minuten, ohne Abkühlzeit
Backzeit: etwa 55 Minuten
+ Vegetarisch

ZUTATEN FÜR 4 PORTIONEN

750 g rote Paprikaschoten

Meersalz
275 g Makkaroni

FÜR DIE RICOTTACREME:

250 g Ricotta (ital. Frischkäse)
5 Eier (Größe M)
100 ml Milch (3,5 % Fett)
gem. Pfeffer
50 g frisch ger. junger Parmesan
1 Knoblauchzehe

2 TL Rosmarinnadeln
2 EL Balsamico-Essig
1 TL milder flüssiger Honig
8–10 abgetropfte Kapernäpfeln
(aus dem Glas, etwa 50 g)

FÜR DEN DIP:

½ Bund Basilikum
40 g abgetropfte, getrocknete Tomaten in Öl
2 EL Öl von den getrockneten Tomaten
200 g Ricotta (ital. Frischkäse)
etwa 2 EL Milch (3,5 % Fett)

ZUSÄTZLICH:

evtl. Kapernäpfel
einige Basilikumblättchen
zum Anrichten
1 Auflaufform mit hohem Rand
(etwa 2 ½ l Inhalt)

PRO PORTION:

E: 37 g, F: 29 g, Kh: 63 g, kcal: 675

1. Den Backofen vorheizen.
Ober-/Unterhitze: etwa 220 °C
Heißluft: etwa 200 °C
oder Grillfunktion: etwa 230 °C

2. Paprikaschoten halbieren, entstielen, entkernen und die weißen Scheidewände entfernen. Schotenhälften abspülen und abtropfen lassen.

3. Paprikahälften jeweils mit der Hautseite nach oben auf einem Backblech (mit Backpapier belegt) verteilen. Das Backblech in den vorgeheizten Backofen oder unter den Backofengrill schieben. Die Paprikahälften etwa 5 Minuten rösten, bis die Haut bräunt und Blasen wirft. Das Backblech aus dem Backofen nehmen. Die Paprikahälften mit einem feuchten Geschirrtuch belegen und etwas abkühlen lassen.

4. Die Backofentemperatur auf Ober-/Unterhitze: etwa 180 °C, Heißluft: etwa 160 °C herunterschalten.

5. Wasser in einem großen Topf zugedeckt zum Kochen bringen. Dann 3 Teelöffel Meersalz und Nudeln hinzugeben. Die Nudeln im geöffneten Topf bei mittlerer Hitze nach Packungsanleitung in etwa 5 Minuten bissfest garen, dabei gelegentlich umrühren. Nudeln in einem Sieb abtropfen lassen.

6. Die Nudeln in die Auflaufform (gefettet) legen. Ricotta, Eier, Milch, etwas Meersalz, Pfeffer und 30 g von dem Parmesan in einen hohen Mixbecher geben. Knoblauch abziehen, klein würfeln und hinzugeben. Die Zutaten mit einem Pürierstab fein pürieren, mit Meersalz und Pfeffer kräftig würzen.

7. Von den Paprikahälften die Haut abziehen, Paprikahälften nochmals halbieren. Rosmarinnadeln fein hacken, mit Essig, Honig, Meersalz und Pfeffer mischen. Die Paprikastücke damit beträufeln.

8. Kapernäpfel halbieren, mit den Paprikastücken auf den Nudeln verteilen. Die Ricottacreme

darauf verteilen und mit restlichem Parmesan bestreuen. Die Form auf dem Rost in den vorgeheizten Backofen (unterste Schiene) schieben. Die Paprika-Pasta-Frittata in etwa 55 Minuten goldbraun backen und stocken lassen.

9. In der Zwischenzeit für den Dip Basilikum abspülen, trocken tupfen und die Blättchen von den Stängeln zupfen. Blättchen fein schneiden. Tomaten fein schneiden. Tomaten mit Öl, Ricotta, Milch und Pfeffer pürieren. Basilikum unterrühren, mit Meersalz und Pfeffer würzen.

10. Die Form auf einen Kuchenrost stellen. Frittata in der Form etwa 15 Minuten abkühlen lassen. Dann vorsichtig aus der Form auf eine große Platte oder einen Teller stürzen. Frittata in Stücke schneiden und nach Belieben mit Kapernäpfeln, Basilikumblättchen und Dip anrichten.

PASTA-AUFLAUF MIT ROSENKOHL

Zubereitungszeit: 40 Minuten
Garzeit: etwa 20 Minuten
+ Vegetarisch

ZUTATEN FÜR 4 PORTIONEN

600 g Rosenkohl
100 g rote Zwiebeln
200 g Champignons
Salz
2 EL Olivenöl
gem. Pfeffer
200 g Schlagsahne
1 TL Weizenmehl
ger. Muskatnuss
300–400 g vegetarische Pasta
(a. d. Kühlregal, z. B. mit Kürbisfüllung)
80 g ger. Bergkäse
evtl. etwas Petersilie zum Garnieren

1 Tarteform (Ø 28 cm)

PRO PORTION:

E: 22 g, F: 28 g, Kh: 61 g, kcal: 606

1. Rosenkohl von den trockenen Blättern befreien, etwas vom Strunk abschneiden. Die Rosenkohlröschen am Strunk kreuzförmig einschneiden. Rosenkohl abspülen, abtropfen lassen, in kochendes Salzwasser geben und etwa 5 Minuten kochen lassen. Den Rosenkohl in ein Sieb geben, mit kaltem Wasser abspülen und abtropfen lassen.

2. Zwiebeln abziehen, halbieren und in dünne Spalten schneiden. Champignons putzen, evtl. kurz abspülen und trocken tupfen, je nach Größe halbieren oder vierteln.

3. Den Backofen vorheizen.
Ober-/Unterhitze: etwa 200 ° C
Heißluft: etwa 180 C° C

4. Olivenöl in einer Pfanne erhitzen, Champignons darin unter Rühren kräftig anbraten. Mit Salz und Pfeffer würzen und in eine Schüssel geben. Zwiebelspalten in die Pfanne geben und bei mittlerer Hitze etwa 5 Minuten zugedeckt dünsten und zu den Champignons geben.

5. Sahne in die Pfanne gießen, Flüssigkeit der Champignons aus der Schüssel dazugeben und aufkochen lassen. Mehl mit 1 Esslöffel kaltem Wasser anrühren, unter die Sahnesauce rühren, aufkochen lassen und mit Salz, Pfeffer und Muskat abschmecken.

6. Pasta mit lauwarmem Wasser abspülen, abtropfen lassen und in eine Auflaufform (gefettet) geben. Die Pasta (je nach Sorte) dachziegelartig einschichten oder in der Form verteilen.

7. Rosenkohlröschen halbieren, mit Champignons, Zwiebeln und der Sauce in die Form füllen. Den Käse auf dem Gemüse und der Pasta verteilen. Die Form auf dem Rost in den vorgeheizten Backofen schieben. Den Auflauf **etwa 20 Minuten garen**. Den Auflauf nach Belieben mit Petersilie garnieren.

PASTA CAPRESE

Zubereitungszeit: 20 Minuten
+ Vegetarisch

ZUTATEN FÜR 4 PORTIONEN

400 g Tomaten
200 g Mozzarella
75 g schwarze Oliven, ohne Stein
½ Bund oder ½ Töpfchen Basilikum
Salz
400 g Spiralnudeln, z. B. Spirelli
3 EL Olivenöl
1 Knoblauchzehe
gem. Pfeffer

PRO PORTION:

E: 22 g, F: 23 g, Kh: 75 g, kcal: 599

1. Wasser in einem großen Topf zugedeckt zum Kochen bringen. In der Zwischenzeit Tomaten abspülen, abtrocknen, halbieren und die Stängelansätze herausschneiden. Tomatenhälften in Würfel schneiden. Mozzarella abtropfen lassen und ebenfalls in kleine Würfel schneiden. Oliven abtropfen lassen und halbieren. Basilikum abspülen und trocken tupfen. Die Blättchen von den Stängeln zupfen.

2. Salz und Nudeln ins kochende Wasser geben. Die Nudeln im geöffneten Topf bei mittlerer Hitze nach Packungsanleitung bissfest kochen, dabei gelegentlich umrühren.

3. In der Zwischenzeit Olivenöl in einem Topf erhitzen. Knoblauch abziehen, durch eine Knoblauchpresse drücken und in dem erhitzten Olivenöl unter Rühren kurz anbraten. Tomatenwürfel hinzugeben und kurz erhitzen.

4. Die Nudeln in ein Sieb geben, mit heißem Wasser abspülen und tropfnass zu den Tomatenwürfeln in den Topf geben. Oliven hinzufügen. Mit Salz und Pfeffer würzen. Die Zutaten vorsichtig vermischen.

5. Pasta Caprese mit Mozzarellawürfeln und Basilikumblättchen in vorgewärmten Schälchen anrichten, sofort servieren.

PASTA-FINGERFOOD MIT ZWEIERLEI FÜLLUNG

Zubereitungszeit: 40 Minuten, ohne Abkühlzeit

ZUTATEN FÜR 32 STÜCK

Meersalz
32 große Muschelnudeln
(Conchiglioni; aus Hartweizenmehl)
gem. Pfeffer
1 Prise Zucker
2 EL Olivenöl

FÜR DIE PIKANTE PFIRSICH-MOZZARELLA-FÜLLUNG:

1–2 reife Pfirsiche (etwa 150 g)
1 Bund Basilikum
1–2 TL milder Balsamico-Essig
1 EL Olivenöl
70 g luftgetrockneter Schinken in hauchfeinen Scheiben, z. B. Parma- oder Serrano-Schinken
125 g abgetropfter Büffel-Mozzarellla

FÜR DIE ERBSEN-MOZZARELLA-FÜLLUNG:

½ Bio-Zitrone (unbehandelt, ungewachst)
125 g gepalte Erbsen (frisch oder TK)
1 EL Butter, 1 Prise Zucker
125 g abgetropfter Büffel-Mozzarellla
2 Tomaten
2–3 Stängel frische Minze
evtl. etwas milder Balsamico-Essig

PRO PORTION:

Für die Pfirsich-Füllung:
E: 5 g, F: 3 g, Kh: 12 g, kcal: 101

Für die Erbsen-Füllung:
E: 4 g, F: 4 g, Kh: 15 g, kcal: 117

1. Wasser in einem großen Topf zugedeckt zum Kochen bringen. Dann 2 Esslöffel Meersalz und Nudeln hinzugeben. Die Nudeln im geöffneten Topf bei mittlerer Hitze nach Packungsanleitung bissfest garen, dabei gelegentlich umrühren. Nudeln in einem Sieb abtropfen lassen, das Kochwasser dabei auffangen.

2. Zwei Esslöffel von dem Nudel-Kochwasser mit etwas Meersalz, Pfeffer, Zucker und Olivenöl verschlagen. Die gegarten Nudeln in einem Sieb abtropfen lassen und in eine Schüssel geben. Die Marinade vorsichtig untermischen. Die Nudeln mit Frischhaltefolie belegt erkalten lassen.

3. Für die Pfirsich-Mozzarella-Füllung Pfirsiche (ggf. zuvor kurz mit kochendem Wasser überbrühen) halbieren, entsteinen und die Haut abziehen. Eine Grillpfanne (alternativ beschichtete Pfanne) erhitzen. Die Pfirsichhälften darin von beiden Seiten kräftig anrösten. Abkühlen lassen.

4. In der Zwischenzeit für die Erbsen-Mozzarella-Füllung Zitrone heiß abwaschen, abtrocknen und die Schale von einer Hälfte fein abreiben. Zitrone halbieren und ebenfalls von einer Hälfte den Saft auspressen. Erbsen abspülen, abtropfen lassen. Butter in einem kleinen Topf zerlassen, die frischen oder die gefrorenen Erbsen darin andünsten. Mit Zucker, Meersalz, Pfeffer und Zitronenschale würzen. Die Erbsen zugedeckt etwa 5 Minuten mit noch leichtem Biss dünsten. Abkühlen lassen.

5. Für die Pfirsich-Mozzarella-Füllung Basilikum abspülen, trocken tupfen und die Blättchen von den Stängeln zupfen. Blättchen in feine Streifen schneiden. Die gerösteten Pfirsichhälften fein würfeln, mit Essig, Olivenöl, Basilikumstreifen und etwas Pfeffer würzen. Schinken in Streifen schneiden, Mozzarella fein würfeln.

6. Die Hälfte der Muschelnudeln mit der Pfirsich-Mozzarella-Masse füllen und auf einer Platte anrichten.

7. Für die Erbsen-Mozzarella-Füllung Mozzarella fein würfeln. Tomaten abspülen, trocken tupfen, halbieren und die Stängelansätze herausschneiden. Tomatenhälften in feine Würfel schneiden. Minze abspülen, trocken tupfen und die Blättchen

von den Stängeln zupfen. Blättchen fein schneiden, mit den Tomatenwürfeln unter die Erbsen mischen. Mit Salz, Pfeffer und Zitronenschale abschmecken. Die Erbsen-Mozzarella-Masse in den restlichen Muschelnudeln verteilen und mit auf die Platte legen. Nach Belieben mit etwas Balsamico-Essig beträufeln und servieren.

PASTA-GRÖSTL MIT PINIEN-KERN-CHILI-BRÖSELN

Zubereitungszeit: 30 Minuten
+ Vegan

ZUTATEN FÜR 4 PORTIONEN

300 g feine, grüne Bohnen
Salz
350 g vegane Nudeln, z. B. Castellane Parmigiane
300 g Cocktailtomaten
1 Bund glatte Petersilie
2 Zwiebeln
1 Knoblauchzehe
2 vegane Weizenbrötchen (vom Vortag)
1 getrocknete Chilischote
6 EL Olivenöl
4 EL Pinienkerne
½ TL fein abgeriebene Schale von 1 Bio-Zitrone (unbehandelt, ungewachst)
250 ml Pflanzencreme zum Kochen
gem. Pfeffer

PRO PORTION:

E: 22 g, F: 35 g, Kh: 90 g, kcal: 783

1. Von den Bohnen die Enden abschneiden. Bohnen evtl. abfädeln, dann abspülen, abtropfen lassen und in mundgerechte Stücke schneiden. Bohnen in etwas kochendem Salzwasser zugedeckt 8–10 Minuten garen. Anschließend die Bohnen in ein Sieb geben, mit kaltem Wasser abschrecken und gut abtropfen lassen.

2. Wasser in einem großen Topf zugedeckt zum Kochen bringen. Dann Salz und Nudeln zugeben. Die Nudeln im geöffneten Topf bei mittlerer Hitze nach Packungsanleitung bissfest kochen, dabei gelegentlich umrühren.

3. Inzwischen Tomaten abspülen, abtrocknen, vierteln und evtl. die Stängelansätze herausschneiden. Petersilie abspülen, trocken tupfen und die Blättchen von den Stängeln zupfen. Blättchen klein schneiden.

4. Die gegarten Nudeln in ein Sieb geben, mit heißem Wasser abspülen und abtropfen lassen.

5. Zwiebeln und Knoblauch abziehen, beides in feine Würfel schneiden. Brötchen fein reiben oder ebenfalls sehr fein würfeln. Die Chilischote sehr fein zerbröseln.

6. Von dem Olivenöl 4 Esslöffel in einer Pfanne erhitzen. Die Brötchenwürfel und Pinienkerne darin unter Wenden knusprig rösten, mit Chili, Zitronenschale und etwas Salz würzen. Die Pinienkern-Chili-Brösel auf einen Teller geben.

7. Restliches Olivenöl in der Pfanne erhitzen. Die Zwiebel- und Knoblauchwürfel darin braun anbraten. Die Bohnen hinzugeben und unter Rühren mitbraten. Tomaten, Nudeln und Pflanzencreme untermischen.

8. Die Zutaten bei starker Hitze kurz durchschwenken und leicht sämig einkochen, mit Salz und Pfeffer würzen, mit Petersilie bestreuen. Pasta-Gröstl anrichten und mit den Pinienkern-Chili-Bröseln bestreuen.

PASTA IN BALSAMICOFOND MIT ZIEGENFRISCHKÄSE

Zubereitungszeit: 20 Minuten
+ Vegetarisch

ZUTATEN FÜR 4 PORTIONEN

FÜR DIE NUDELN:

Salz
350–400 g Pasta, z. B. Penne, Spaghetti oder Bandnudeln

FÜR DEN FOND:

400 ml Gemüse- oder Geflügelfond (aus dem Glas)
4–5 EL Crema di Balsamico
100 g Rucola
4 Stängel Basilikum
250 g Cocktailtomaten oder 2 mittelgroße Tomaten
1 Zwiebel
2 Knoblauchzehen
2 EL Olivenöl
1 EL Butter
gem. Pfeffer

200 g Ziegenfrischkäse

evtl. etwas Crema di Balsamico zum Beträufeln

PRO PORTION:

E: 17 g, F: 23 g, Kh: 76 g, kcal: 588

1. Für die Nudeln Wasser in einem großen Topf zugedeckt zum Kochen bringen. Dann Salz und Nudeln zugeben. Die Nudeln im geöffneten Topf bei mittlerer Hitze nach Packungsanleitung bissfest kochen, dabei gelegentlich umrühren.

2. In der Zwischenzeit für den Fond Gemüse- oder Geflügelfond und 1 Esslöffel Crema di Balsamico in einem Topf bei starker Hitze um die Hälfte einkochen lassen. Rucola putzen und die dicken Stängel abschneiden. Rucola abspülen, gut abtropfen lassen oder trocken schleudern und evtl. etwas kleiner schneiden. Basilikum abspülen und trocken tupfen. Die Blättchen von den Stängeln zupfen. Tomaten abspülen, abtrocknen und die Stängelansätze herausschneiden. Cocktailtomaten halbieren oder die größeren Tomaten in Würfel schneiden.

3. Anschließend die garen Nudeln in ein Sieb geben, mit heißem Wasser abspülen und abtropfen lassen.

4. Zwiebel und Knoblauch abziehen, in kleine Würfel schneiden. Olivenöl in einer Pfanne erhitzen, Butter darin zerlassen. Zwiebel- und Knoblauchwürfel darin andünsten. Tomaten hinzugeben und kurz mitdünsten lassen. Die Nudeln, den eingekochten Fond und 2–3 Esslöffel Crema di Balsamico hinzugeben. Mit Salz und Pfeffer würzen. Die Zutaten bei starker Hitze etwa 2 Minuten unter Rühren erhitzen. Rucola und Basilikumblättchen gut untermischen, mit Salz und Pfeffer abschmecken.

5. Von dem Frischkäse mit einem Löffel Nocken abstechen. Pasta mit den Frischkäsenocken auf Tellern anrichten. Nach Belieben mit etwas Crema di Balsamico beträufeln.

PASTA MIT HERBSTLICHEM WILDRAGOUT

Zubereitungszeit: 40 Minuten, ohne Abkühl- und Marinierzeit
Schmorzeit: 60–75 Minuten

ZUTATEN FÜR 6 PORTIONEN

ZUM VORBEREITEN:

3–4 Stängel Thymian (ersatzweise 1 TL gerebelter Thymian)
500 ml trockener Rotwein
3 EL milder Rotweinessig
2 Lorbeerblätter
1 EL brauner Zucker
800 g–1 kg Wildschweingulasch (aus der Keule)

FÜR DAS RAGOUT:

2 Zwiebeln
2 EL Butterschmalz
Salz, gem. Pfeffer
1 geh. EL Weizenmehl
30 g gewürfeltes Orangeat
200 g vorgegarte Esskastanien (Vakuumpack oder Dose)
100 g getrocknete Soft-Pflaumen

FÜR DIE NUDELN:

350–450 g Nudeln nach Wahl, z. B. Bandnudeln oder Makkaroni

PRO PORTION:

E: 40 g, F: 22 g, Kh: 80 g, kcal: 698

1. Zum Vorbereiten Thymian abspülen, trocken tupfen und die Blättchen von den Stängeln zupfen. Rotwein, Essig, Thymian, Lorbeer und Zucker in einem Topf kurz erhitzen, dann abkühlen lassen. Das Gulaschfleisch mit Küchenpapier sorgfältig abtupfen, dann unter die Marinade mischen und etwa 6 Stunden ziehen lassen.

2. Das Fleisch in einem Sieb abtropfen lassen, die Marinade dabei auffangen. Das Fleisch mit Küchenpapier trocken tupfen. Für das Ragout Zwiebeln abziehen und in Spalten schneiden.

3. Butterschmalz in einem Schmortopf zerlassen. Das Fleisch darin portionsweise kräftig braun anbraten. Zwiebeln zugeben, ebenfalls braun anbraten, mit Salz und Pfeffer würzen. Das Fleisch mit Mehl bestäuben und anschwitzen.

4. Etwa ein Viertel der Marinade (ohne Lorbeer und Thymian) zum Fleisch gießen und offen fast vollständig einkochen lassen. Anschließend nach und nach die restliche Marinade und etwa 350 ml heißes Wasser jeweils so angießen, dass das Fleisch stets gerade so mit Flüssigkeit bedeckt ist. Gulasch zugedeckt bei schwacher Hitze 60–70 Minuten schmoren (die Schmorzeit ist vom Fleischstück und vom Alter des Wildes abhängig). Zwischendurch gelegentlich durchrühren.

5. Nach etwa 50 Minuten Schmorzeit Orangeat und Kastanien unter das Gulasch mischen, dann in weiteren 10–20 Minuten weich schmoren.

6. Inzwischen für die Nudeln Wasser in einem großen Topf zugedeckt zum Kochen bringen. Dann Salz und Nudeln zugeben. Die Nudeln im geöffneten Topf bei mittlerer Hitze nach Packungsanleitung bissfest kochen, dabei gelegentlich umrühren. Anschließend die Nudeln in ein Sieb geben, mit heißem Wasser abspülen und abtropfen lassen.

7. Die Pflaumen unter das Gulasch mischen, weitere 3–5 Minuten offen sämig fertig schmoren. Gulasch nochmals mit Salz und Pfeffer abschmecken. Das Gulasch mit den Nudeln anrichten und servieren.

TIPP:

Servieren Sie dazu in Butter und Semmelbröseln geschwenkten Rosenkohl.

PASTASALAT ALLA NORCINA

Zubereitungszeit: 35 Minuten, ohne Abkühlzeit

ZUTATEN FÜR 4–6 PORTIONEN

FÜR DIE NUDELN:

Salz
300 g kurze Nudeln, z. B. Pipe Rigate

FÜR DEN SALAT:

2 Schalotten
400 g gemischte Pilze, z. B. Champignons, Kräuterseitlinge, Shiitakepilze
250 g Cocktailtomaten
175 ml heiße Gemüsebrühe
gem. Pfeffer
2–3 TL Basilikum-Pesto (aus dem Glas)

500 g Salsicce (ital. rohe, grobe Bratwürste)
2 EL Olivenöl
1–2 EL Zitronensaft
1 Radicchio (etwa 175 g)

200 g Joghurt (3,5 % Fett)
etwa 50 g Parmesan, am Stück

PRO PORTION:

E: 27 g, F: 38 g, Kh: 51 g, kcal: 656

1. Wasser in einem großen Topf zugedeckt zum Kochen bringen. Dann Salz und Nudeln zugeben. Die Nudeln im geöffneten Topf bei mittlerer Hitze nach Packungsanleitung bissfest kochen, dabei gelegentlich umrühren.

2. Inzwischen Schalotten abziehen und in feine Würfel schneiden. Pilze putzen, evtl. kurz abspülen und gut trocken tupfen. Tomaten abspülen, abtrocknen, halbieren und evtl. die Stängelansätze herausschneiden.

3. Die gegarten Nudeln in ein Sieb geben, mit kaltem Wasser abspülen und abtropfen lassen.

4. Die heiße Brühe mit etwas Salz, etwas Pfeffer und dem Pesto in einer Schüssel verrühren. Die Nudeln untermischen und lauwarm abkühlen lassen.

5. Das Wurstbrät aus den Bratwurstpellen drücken und zu kleinen Klößchen formen.
Eine beschichtete Pfanne erhitzen, die Salsicce-Klößchen darin unter Wenden etwa 3 Minuten rundherum braun braten, herausnehmen und auf einen Teller geben.

6. Olivenöl in der Pfanne erhitzen. Die Pilze mit den Schalottenwürfeln darin unter Wenden bei mittlerer Hitze braun braten. Anschließend mit Salz, Pfeffer und Zitronensaft würzen.

7. Radicchio putzen, abspülen, gut abtropfen lassen und die Blätter in mundgerechte Stücke schneiden oder zupfen.

8. Den Joghurt unter die Nudeln mischen, mit Salz und Pfeffer würzen. Salsicce-Klößchen und Tomaten unter die Nudeln heben.

9. Den Pastasalat mit Pilzen und Radicchio auf einer Platte anrichten. Den Parmesan in Spänen darauf hobeln.

PASTASALAT „BELLA ITALIA"

Zubereitungszeit: etwa 50 Minuten, ohne Durchziehzeit

ZUTATEN FÜR 6 PORTIONEN

Salz
250 g Nudeln, z. B. Penne oder Orecchiette
250 g Gemüsezwiebeln
200 g Zucchini
200 g Fleischtomaten
200 g Bratenaufschnitt, z. B. Kalbsbraten
3 EL Balsamico-Essig
gem. Pfeffer
gerebelter Oregano
4 EL Olivenöl
12 abgetropfte schwarze Oliven, ohne Stein
2 TL abgetropfte Kapern (aus dem Glas)

FÜR DIE THUNFISCHSAUCE:

185 g Thunfisch, in Öl
150 g Joghurt (3,5 % Fett)
1 EL Salatmayonnaise
1 Topf Basilikum

PRO PORTION:

E: 26 g, F: 30 g, Kh: 41 g, kcal: 549

1. Wasser in einem großen Topf zugedeckt zum Kochen bringen. Dann Salz und Nudeln zugeben. Die Nudeln im geöffneten Topf bei mittlerer Hitze nach Packungsanleitung bissfest kochen, dabei gelegentlich umrühren. Anschließend die Nudeln in ein Sieb geben, mit kaltem Wasser abspülen und abtropfen lassen.

2. Gemüsezwiebeln abziehen, halbieren und in dünne Scheiben schneiden. Zucchini abspülen, abtrocknen und die Enden abschneiden. Zucchini in dünne Scheiben schneiden. Zwiebel- und Zucchinischeiben in wenig kochendes Salzwasser geben, einmal aufkochen lassen. Dann in ein Sieb geben, mit kaltem Wasser übergießen und abtropfen lassen.

3. Tomaten kreuzweise einschneiden und mit kochendem Wasser übergießen. Nach 1–2 Minuten herausnehmen und mit kaltem Wasser abschrecken. Tomaten häuten, halbieren und die Stängelansätze herausschneiden. Tomaten entkernen und in Spalten schneiden. Bratenaufschnitt in Streifen schneiden.

4. Essig mit Salz, Pfeffer und Oregano verrühren. Das Olivenöl unterschlagen. Die Sauce mit den vorbereiteten Zutaten, Oliven und Kapern in einer Schüssel vermengen. Den Salat etwa 20 Minuten durchziehen lassen.

5. Für die Thunfischsauce Thunfisch mit dem Öl, Joghurt und der Mayonnaise in einen Rührbecher geben und pürieren. Die Sauce mit Salz und Pfeffer abschmecken.

6. Basilikum abspülen und trocken tupfen. Die Blättchen von den Stängeln zupfen. Die Sauce damit garnieren. Die Thunfischsauce zu dem Salat reichen.

REZEPTVARIANTE:

Anstelle von Bratenaufschnitt können Sie auch 150 g gegrilltes oder geräuchertes, in Scheiben geschnittenes Hähnchenbrustfilet verwenden.

PASTASALAT MIT HÄHNCHEN

Zubereitungszeit: 40 Minuten, ohne Abkühlzeit

ZUTATEN FÜR 4 PORTIONEN

FÜR DEN SALAT:

Salz, gem. Pfeffer
200 g grüne Bandnudeln
etwa 300 g Hähnchenbrustfilet
etwas Currypulver
10 g Weizenmehl
2 EL Speiseöl, z. B. Rapsöl

FÜR DIE SAUCE:

1 reife Mango
100 g Joghurt-Salat-Creme
2 EL Schlagsahne
2 EL Zitronensaft
2 EL geröstete Sesamsamen

ZUSÄTZLICH:

2 Chicorée
½ Bund Schnittlauch

PRO PORTION:

E: 27 g, F: 18 g, Kh: 50 g, kcal: 479

1. Für den Salat Wasser in einem großen Topf zugedeckt zum Kochen bringen. Salz und Nudeln zugeben. Die Nudeln im geöffneten Topf bei mittlerer Hitze nach Packungsanleitung bissfest kochen, dabei gelegentlich umrühren.

2. In der Zwischenzeit das Hähnchenbrustfilet mit Küchenpapier abtupfen. Mit Salz und Pfeffer würzen, mit Curry und Mehl bestäuben.

3. Speiseöl in einer Pfanne erhitzen. Hähnchenbrustfilet darin von beiden Seiten etwa 10 Minuten braten, herausnehmen und erkalten lassen.

4. Die garen Nudeln in ein Sieb geben, mit kaltem Wasser abspülen und abtropfen lassen.

5. Für die Sauce die Mango halbieren und den Stein herauslösen. Die Mangohälften schälen und das Fruchtfleisch in Scheiben schneiden. 2 Mangoscheiben in sehr kleine Stücke schneiden. Restliche Mangoscheiben in etwa 1 cm dicke Streifen schneiden.

6. Joghurt-Salat-Creme mit Sahne und Zitronensaft in einer Schüssel verrühren. Danach klein geschnittene Mangostücke unterheben und die Zutaten mit einem Stabmixer pürieren. Mit Salz und Pfeffer würzen. 1 Esslöffel der gerösteten Sesamsamen unterrühren.

7. Chicorée putzen, längs halbieren, abspülen, abtropfen lassen und evtl. die Strünke keilförmig herausschneiden. Chicorée in einzelne Blätter teilen. Die Blätter jeweils in Form eines halben Sterns auf 4 Teller legen.

8. Hähnchenbrustfilet quer halbieren und in dünne Streifen schneiden. Die Nudeln mit zwei Dritteln der Hähnchenfleischstreifen vermengen. Die Joghurt-Mango-Sauce unterrühren. Den Salat auf den Tellern verteilen. Die Mangostreifen und restliche Hähnchenfleischstreifen darauf anrichten. Mit restlichen Sesamsamen bestreuen.

9. Den Schnittlauch abspülen, trocken tupfen und in Röllchen schneiden. Den Salat mit den Schnittlauchröllchen garnieren.

PASTASALAT MIT MINI-CHILI-FRIKADELLEN

Zubereitungszeit: 45 Minuten, ohne Abkühlzeit

ZUTATEN FÜR 12 PARTY-PORTIONEN

Salz
600 g Penne

FÜR DAS DRESSING:

375 g Aioli (Knoblauch-Mayonnaise)
450 g Joghurt (3,5 % Fett)
3 EL Tomatenketchup
Salz
gem. Pfeffer

FÜR DIE MINI-CHILI-FRIKADELLEN:

2 Brötchen (Semmeln) vom Vortag
3 Zwiebeln
1 kg Gehacktes (halb Rind-, halb Schweinefleisch)
3 Eier (Größe M)
Salz
gem. Pfeffer
3–6 EL Speiseöl, z. B. Rapsöl
9–12 EL Thai-Chili-Sauce

ZUSÄTZLICH:

3 gegarte Maiskolben (vakuumverpackt) oder 420 g abgetropfter Gemüsemais (aus Dosen)
3 große rote Paprikaschoten
500 g Römer- oder Eisbergsalat

450–500 ml heiße Gemüsebrühe

PRO PORTION:

E: 29 g, F: 46 g, Kh: 57 g, kcal: 761

1. Wasser in einem großen Topf zugedeckt zum Kochen bringen. Dann Salz und Nudeln zugeben. Die Nudeln evtl. in 2 Portionen im geöffneten Topf bei mittlerer Hitze nach Packungsanleitung bissfest kochen, dabei gelegentlich umrühren. Anschließend die Nudeln in ein Sieb geben, mit kaltem Wasser abspülen und abtropfen lassen.

2. Für das Dressing Aioli mit Joghurt und Ketchup in einer großen Schüssel verrühren und mit Salz und Pfeffer abschmecken. Die lauwarmen Nudeln zu dem Dressing in die Schüssel geben und gut untermischen. Nudeln erkalten lassen.

3. Für die Frikadellen Brötchen in kaltem Wasser einweichen. Zwiebeln abziehen, klein würfeln. Gehacktes in eine Schüssel geben. Brötchen, Zwiebelwürfel und Eier hinzufügen. Die Zutaten gut verkneten. Mit Salz und Pfeffer würzen.
Aus der Hackfleischmasse mit angefeuchteten Händen kleine Frikadellen formen.

4. Jeweils etwas Speiseöl in einer großen Pfanne erhitzen. Die Frikadellen darin portionsweise von allen Seiten knusprig braun braten. Die Frikadellen aus der Pfanne nehmen, mit der Chili-Sauce vermischen und erkalten lassen.

5. Maiskolben in Scheiben schneiden. Paprikaschoten halbieren, entstielen, entkernen und die weißen Scheidewände entfernen. Schoten abspülen, abtropfen lassen und in kleine Würfel schneiden. Salat putzen, abspülen, gut abtropfen lassen oder trocken schleudern. Salatblätter in mundgerechte Stücke zupfen.

6. Heiße Gemüsebrühe unter die Nudeln rühren. Die Nudeln nochmals mit Salz und Pfeffer abschmecken. Restliche vorbereitete Salatzutaten untermischen. Den Salat mit den Mini-Chili-Frikadellen anrichten.

TIPP:

Der Salat eignet sich portioniert gut für Partys und kleine Bufetts. Sie können ihn aber auch in einer großen Schüssel servieren.

PASTASOTTO MIT HALB GETROCKNETEN TOMATEN

● Zubereitungszeit: 40 Minuten, ohne Trockenzeit
Garzeit: 17–20 Minuten
▲ Mit Alkohol

ZUTATEN FÜR 4 PORTIONEN

FÜR DIE GETROCKNETEN TOMATEN:

650 g Cocktailtomaten
9 EL Olivenöl
Salz
gem. Pfeffer
1 EL Puderzucker

100 g Zwiebeln
1–2 Knoblauchzehen
2 l Gemüsebrühe
400 g Risone (Nudeln in Reiskornform)
75 ml Weißwein
100 g Parmesan, am Stück
75 g Rucola
5 Stängel Basilikum

evtl. etwas Olivenöl zum Beträufeln

PRO PORTION:

E: 24 g, F: 33 g, Kh: 81 g, kcal: 722

1. Den Backofen vorheizen.
Ober-/Unterhitze: etwa 130 °C

2. Tomaten abspülen, abtrocknen und halbieren. Tomatenhälften mit der Schnittfläche nach oben auf ein Backblech (mit Backpapier belegt) legen. Anschließend mit 4 Esslöffeln Olivenöl beträufeln, mit Salz und Pfeffer bestreuen, mit Puderzucker bestäuben.

3. Das Backblech in den vorgeheizten Backofen schieben. Tomatenhälften **etwa 2 Stunden garen (trocknen)**, dabei die Backofentür einen kleinen Spalt breit offen lassen.

4. Zwiebeln und Knoblauch abziehen, klein würfeln. Brühe erhitzen. Restliches Olivenöl in einem Topf erhitzen. Zwiebel- und Knoblauchwürfel darin kräftig andünsten. Die Nudeln hinzugeben und ebenfalls kräftig mitdünsten lassen. Dann mit Wein ablöschen und ganz einkochen lassen. 250 ml der heißen Brühe hinzugießen, zum Kochen bringen, anschließend mit Salz und Pfeffer würzen.

5. Pastasotto 17–20 Minuten bei schwacher bis mittlerer Hitze bissfest garen. Während der Garzeit nach und nach die restliche Brühe hinzugießen und sehr häufig umrühren. Das Pastasotto sollte schön sämig sein.

6. Parmesan fein reiben. Rucola verlesen und dicke Stängel abschneiden. Rucola dann abspülen, gut abtropfen lassen oder trocken schleudern und evtl. etwas kleiner schneiden. Basilikum ebenfalls abspülen, trocken tupfen und die Blättchen von den Stängeln zupfen. Blättchen grob zerschneiden. Den Parmesan unter das Pastasotto rühren.

7. Das Pastasotto auf Tellern anrichten. Die warmen Tomatenhälften vom Backblech nehmen und darauf verteilen. Pastasotto mit Rucola und Basilikum bestreuen. Nach Belieben noch etwas Olivenöl daraufträufeln.

PENNE ALL' ARRABBIATA

Zubereitungszeit: etwa 20 Minuten
Garzeit: etwa 10 Minuten
+ Vegetarisch

ZUTATEN FÜR 4 PORTIONEN:

4 Schalotten
2 Knoblauchzehen
2 rote Chilischoten
4 EL Olivenöl
1 TL Tomatenmark
500 ml Tomatensaft
Salz, gem. Pfeffer
500 g Penne
2 Stängel Basilikum
50 g geriebener Parmesan

PRO PORTION:

E: 20 g, F: 16 g, Kh: 93 g, kcal: 612

1. Schalotten und Knoblauch abziehen und klein hacken. Die Chilischoten halbieren, entstielen, entkernen, abspülen, abtropfen lassen und in sehr kleine Würfel schneiden.

2. Das Olivenöl in dem kleinen Topf erhitzen. Die Schalotten- und Knoblauchstückchen darin unter Rühren glasig dünsten.

3. Tomatenmark und Chiliwürfel kurz mit andünsten. Den Tomatensaft hinzugießen, zum Kochen bringen und auf etwa ein Drittel einkochen lassen.

4. Inzwischen für die Nudeln Wasser in einem großen Topf zugedeckt zum Kochen bringen. Dann Salz und Nudeln zugeben. Die Nudeln im geöffneten Topf bei mittlerer Hitze nach Packungsanleitung bissfest kochen, dabei gelegentlich umrühren.

5. Anschließend die Penne in ein Sieb geben, mit heißem Wasser abspülen und gut abtropfen lassen. Nudeln warm stellen.

6. Die Sauce durch ein feines Sieb in den großen Topf (oder eine Schüssel) passieren (das geht am besten mit einem Löffel, einer Suppenkelle oder dem Passierstab des Mixers). Die Sauce mit Salz und Pfeffer abschmecken.

7. Basilikum abspülen, trocken tupfen und die Blättchen von den Stängeln zupfen. Die Blättchen grob schneiden.

8. Die Nudeln in die heiße Tomatensauce geben, unterrühren und auf Tellern anrichten. Penne mit Käse und Basilikumblättchen bestreut servieren.

TIPP:

Falls es keine Möglichkeit gibt, die Nudeln warm zu stellen, die Nudeln mit der Tomatensauce im großen Topf erneut bei schwacher Hitze kurz erwärmen, dabei ab und zu umrühren.

PENNE MIT FENCHEL-GORGONZOLA-SAUCE

◔ Zubereitungszeit: 35 Minuten
▲ Mit Alkohol
✚ Vegetarisch

ZUTATEN FÜR 4 PORTIONEN

FÜR DIE SAUCE:

500 g Fenchelknollen
1 Zwiebel
3 EL Speiseöl, z. B. Rapsöl
150 ml trockener Wermut
250 g Crème fraîche
1 Apfel
Salz
gem. Pfeffer
100 g Gorgonzola-Käse

FÜR DIE NUDELN:

500 g Penne
50 g Sonnenblumenkerne

PRO PORTION:

E: 29 g, F: 42 g, Kh: 104 g, kcal: 949

1. Für die Sauce Fenchelknollen putzen, abspülen, abtropfen lassen, vierteln und quer in etwa 1 cm breite Streifen schneiden.

2. Zwiebel abziehen und klein würfeln. Das Rapsöl in einem Topf erhitzen, Zwiebelwürfel darin andünsten. Fenchelstreifen zugeben und mit andünsten. Dann Wermut und Crème fraîche unterrühren. Die Sauce unter Rühren zum Kochen bringen und etwa 15 Minuten bei schwacher Hitze unter gelegentlichem Rühren köcheln lassen.

3. Apfel heiß abwaschen, abtrocknen, vierteln, entkernen und in sehr kleine Würfel schneiden. Apfelwürfel etwa 5 Minuten in der Sauce mitdünsten lassen. Die Sauce mit Salz und Pfeffer würzen.

4. Gorgonzola klein schneiden oder mit einer Gabel zerdrücken, in die Sauce geben und unter Rühren schmelzen lassen. Sauce warm stellen.

5. Inzwischen für die Nudeln Wasser in einem großen Topf zugedeckt zum Kochen bringen. Dann Salz und Penne zugeben. Die Nudeln im geöffneten Topf bei mittlerer Hitze nach Packungsanleitung bissfest kochen, dabei gelegentlich umrühren. Anschließend die Nudeln in ein Sieb geben, mit heißem Wasser abspülen und abtropfen lassen.

6. In der Zwischenzeit Sonnenblumenkerne in einer Pfanne ohne Fett leicht bräunen und herausnehmen.

7. Die Sauce in einer flachen Schüssel anrichten, mit Sonnenblumenkernen bestreuen und mit den Penne sofort servieren.

TIPP:

Nach Belieben mit vorbereiteten Kerbelblättern oder Fenchelgrün bestreuen.

PENNE MIT VIER-KÄSE-SAUCE

Zubereitungszeit: 20 Minuten
+ Vegetarisch

ZUTATEN FÜR 4 PORTIONEN

FÜR DIE NUDELN:

Salz
400–500 g Penne

FÜR DIE SAUCE:

2–3 Stängel Oregano oder Majoran
250 ml Milch
175 g Gorgonzola
100 g Mascarpone oder Doppelrahm-Frischkäse
75 g ger. Parmesan
125 g ger. Schnittkäse, z. B. Taleggio oder mittelalter Gouda

ZUM BESTREUEN:

gem. bunter Pfeffer

PRO PORTION:

E: 39 g, F: 43 g, Kh: 83 g, kcal: 878

1. Für die Nudeln Wasser in einem großen Topf zugedeckt zum Kochen bringen.

2. Für die Sauce Oregano oder Majoran abspülen und trocken tupften. Milch mit den Oregano- oder Majoranstängeln in einem Topf erhitzen.

3. In der Zwischenzeit Salz und Nudeln ins kochende Wasser geben. Die Nudeln im geöffneten Topf bei mittlerer Hitze nach Packungsanleitung bissfest kochen, dabei gelegentlich umrühren.

4. Gorgonzola evtl. entrinden und grob würfeln. Mascarpone oder Frischkäse und Gorgonzolawürfel in der heißen Milch unter Rühren schmelzen. Dann 50 g des geriebenen Parmesans und den geriebenen Schnittkäse hinzugeben, bei schwacher Hitze unter Rühren schmelzen (nicht kochen lassen). Die Sauce mit Pfeffer und evtl. noch etwas Salz abschmecken.

5. Anschließend die garen Nudeln in ein Sieb geben, mit heißem Wasser abspülen. Die Nudeln tropfnass mit der Käse-Sauce vermengen und nochmals kurz erhitzen.

6. Penne mit Vier-Käse-Sauce auf Tellern anrichten. Mit restlichem Parmesan und buntem Pfeffer bestreuen. Nach Belieben mit abgespülten und trocken getupften Majoranstängeln garnieren, sofort servieren.

TIPP:

Dazu schmeckt ein grüner Blattsalat mit leichtem Dressing oder gedünsteter Blattspinat.

PENNE MIT WALNUSSSAUCE

Zubereitungszeit: 25 Minuten
+ Vegetarisch

ZUTATEN FÜR 4 PORTIONEN

FÜR DIE SAUCE:

125 g Walnusskerne
2 EL Walnussöl
2 Schalotten
150 ml Milch (3,5 % Fett)
250 g Schlagsahne
Salz

FÜR DIE NUDELN:

500 g Penne
1 Bund Schnittlauch
70 g ger. Parmesan
gem. Pfeffer
ger. Muskatnuss

ZUSÄTZLICH:

evtl. Schnittlauchhalme

PRO PORTION:

E: 30 g, F: 54 g, Kh: 95 g, kcal: 1040

1. Die Walnusskerne fein hacken. Walnussöl bei mittlerer Hitze in einer Pfanne erhitzen. Walnusskerne darin unter Rühren anrösten.

2. Schalotten abziehen, in kleine Würfel schneiden, zu den Walnusskernen geben und mit andünsten. Milch und Sahne hinzugießen, zum Kochen bringen und etwa 5 Minuten ohne Deckel kochen lassen.

3. In der Zwischenzeit für die Nudeln Wasser in einem großen Topf zugedeckt zum Kochen bringen. Dann Salz und Nudeln zugeben. Die Nudeln im geöffneten Topf bei mittlerer Hitze nach Packungsanleitung bissfest kochen, dabei gelegentlich umrühren.

4. Schnittlauch abspülen, trocken tupfen und in Röllchen schneiden. Schnittlauchröllchen und Parmesan unter die Walnusssauce rühren. Mit Salz, Pfeffer und Muskat würzen.

5. Die garen Nudeln in ein Sieb geben, mit heißem Wasser abspülen und abtropfen lassen.

6. Die Nudeln mit der Sauce auf Tellern anrichten. Nach Belieben mit abgespülten und trocken getupften Schnittlauchhalmen garnieren.

REZEPTABWANDLUNGEN:

Sie können die Sauce auch mit Haselnüssen und Nussöl, Kürbiskernen und Kürbiskernöl oder auch Sonnenblumenkernen und Sonnenblumenöl zubereiten.

REZEPTVARIANTE:

Linguine mit Erdnusssauce: Dafür 400 g Schweinefilet mit Küchenpapier trocken tupfen und in etwa 1 cm große Würfel schneiden. 50 ml Sojaöl in einer Pfanne erhitzen. Fleischwürfel darin von allen Seiten anbraten. 2 Knoblauchzehen abziehen, in kleine Würfel schneiden, zu den Fleischwürfeln geben und mit andünsten. 130 g ungesüßte Erdnusscreme (aus dem Glas) unterrühren, 250 ml (¼ l) Gemüsebrühe hinzugießen, mit Salz und gemahlenem Pfeffer würzen. Die Sauce zum Kochen bringen und etwas kochen lassen. 1 Bund Frühlingszwiebeln putzen, waschen, abtropfen lassen und in feine Scheiben schneiden. In die Sauce geben und kurz mitkochen lassen. Die Sauce nochmals mit Salz abschmecken und warm stellen. Wasser in einem großen Topf mit geschlossenem Deckel zum Kochen bringen. Dann Salz und 400 g Linguine (dünne Bandnudeln) hinzugeben und nach Packungsanleitung garen. Abgetropfte Nudeln mit der Erdnusssauce in Schüsseln anrichten und servieren.

PILZ-RAVIOLI

● Zubereitungszeit: 40 Minuten, ohne Ruhezeit
Garzeit: etwa 20 Minuten
+ Vegetarisch

ZUTATEN FÜR 4 PORTIONEN

FÜR DEN NUDELTEIG:

50 g Hartweizengrieß
275 g Weizenmehl (Type 550)
2 Eier (Größe M)
1 gestr. TL Salz
1 TL Olivenöl

FÜR DIE FÜLLUNG:

300 g rosé Champignons
1 TL Olivenöl
100 g gewürfelte Zwiebeln
Salz
gem. Pfeffer
1 TL Steinpilz-Hefebrühe
(Instant-Paste, erhältlich im Reformhaus)
2 TL milder Balsamico-Essig
½ großes Bund glatte Petersilie
150 g Ricotta (ital. Frischkäse)

FÜR DEN KRÄUTERSCHAUM:

1 gegarte große Kartoffel (etwa 110 g)
½ großes Bund glatte Petersilie
einige Blätter Basilikum
200 ml Gemüsebrühe
25 g Kochsahne (10 % Fett)
Salz
gem. Pfeffer
ger. Muskatnuss

PRO PORTION:

E: 20 g, F: 12 g, Kh: 72 g, kcal: 472

1. Für den Nudelteig Grieß mit Mehl vermischen, in die Mitte eine Vertiefung eindrücken. Eier mit 60 ml Wasser, Salz und Öl verschlagen, in die Mulde gießen. Alles mit einem Mixer (Knethaken) in 5–10 Minuten zu einem glatten Teig verkneten, ggf. tropfenweise noch Wasser zugeben. Teig zu einer Kugel formen, in leicht geölte Frischhaltefolie wickeln und mindestens 1 Stunde ruhen lassen.

2. Inzwischen für die Füllung die Pilze putzen, evtl. kurz abspülen und trocken tupfen, dann fein würfeln. Öl in einer Pfanne erhitzen. Zwiebelwürfel darin glasig dünsten. Pilze bei mittlerer bis starker Hitze unter Rühren mit anbraten, mit Salz und Pfeffer würzen. 100 ml heißes Wasser hinzugießen und die Brühe einrühren. Die Pilze offen schmoren, bis die gesamte Flüssigkeit verdampft ist. Mit Salz, Pfeffer und Essig abschmecken, etwas abkühlen lassen. Petersilie abspülen, trocken tupfen. Die Blättchen von den Stängeln zupfen und fein hacken. Erst Ricotta, dann Petersilie unter die Pilze rühren.

3. Den Teig in 4 Portionen teilen. 2 Portionen auf einer gut bemehlten Arbeitsfläche zu länglichen, sehr dünnen Streifen ausrollen (am besten mit einer Nudelmaschine). Je ½ Teelöffel Pilze mit je etwa 5 cm Abstand auf einem Teigstreifen verteilen. Die Teigzwischenräume dünn mit Wasser bestreichen. Restliche Teigportionen ebenso ausrollen und passgenau auf die belegten Teigstreifen legen. Oberen Teig so andrücken, dass noch enthaltene Luft entweichen kann. Dann Ravioli ausrädern.

4. Wasser in einem großen Topf zugedeckt zum Kochen bringen. Dann Salz und Ravioli zugeben. Die Ravioli im geöffneten Topf in 3–4 Portionen bei mittlerer Hitze in jeweils etwa 1 Minute gar ziehen lassen, mit einer Schaumkelle herausnehmen und gut abtropfen lassen.

5. Für den Kräuterschaum Kartoffel würfeln. Kräuter abspülen, trocken tupfen und die Petersilienblättchen von den Stängeln zupfen. Einige Blättchen beiseitelegen. Brühe erwärmen, dann mit den Kräutern fein pürieren. Kartoffel nach und nach untermixen, bis eine sämige Sauce entstanden ist. Dann die Sahne untermixen, mit

Salz, Pfeffer und Muskat abschmecken. Ravioli, Kräuterschaum und beiseitegelegte Kräuter auf Tellern anrichten.

TIPP:

Schneller geht es, wenn Sie fertigen Nudelteig aus dem Kühlregal verwenden.

PISTAZIEN-RAVIOLI AUF FENCHEL-CARPACCIO

◔ Zubereitungszeit: 55 Minuten, ohne Kühlzeit (mind. 50 Minuten)
+ Vegan

ZUTATEN FÜR 4 PORTIONEN

FÜR DEN NUDELTEIG:

250 g Hartweizenmehl (z. B. Semola) oder sehr feiner Hartweizengrieß
150 g Pizzamehl (Weizenmehl Type 00), Pastamehl oder Weizenmehl (Type 405)
Salz, 2 EL Olivenöl

FÜR DIE FÜLLUNG:

650 g mehligkochende Kartoffeln
Salz
175 ml Pflanzencreme zum Kochen
gem. Pfeffer
1 TL fein abgeriebene Schale von 1 Bio-Zitrone (unbehandelt, ungewachst)
50 g sehr fein gehackte, geröstete Pistazienkerne
100 g Frühlingszwiebeln
1 EL Olivenöl

FÜR DAS CARPACCIO:

600 g Fenchelknollen
60 g getrocknete Tomaten, in Öl
3 EL Tomatenöl (von den Tomaten)
Salz, gem. Pfeffer
fein abger. Schale und Saft von 1 Bio-Zitrone (unbehandelt, ungewachst)
3–4 EL mildes Olivenöl
30 g abgetropfte eingelegte Kapern

ZUSÄTZLICH:

Küchenmaschine (Knethaken)
Nudelmaschine

PRO PORTION:

E: 22 g, F: 40 g, Kh: 112 g, kcal: 914

1. Für den Teig Hartweizenmehl oder Grieß und Pizza-, Pasta- oder Weizenmehl in der Rührschüssel einer Küchenmaschine gründlich mischen. Etwa 200 ml kaltes Wasser, 1 Prise Salz und Öl verschlagen. Nach und nach so viel davon unter die Mehlmischung kneten, bis ein fester, glatter und geschmeidiger Teig entstanden ist.

2. Den Teig 5–8 Minuten in der Küchenmaschine (Stufe 2) durchkneten, bis er nicht mehr klebt. Dann den Teig in 2 Portionen teilen, zu Platten formen und in Frischhaltefolie gewickelt mindestens 60 Minuten in den Kühlschrank legen.

3. Für die Füllung in der Zwischenzeit die Kartoffeln unter fließendem Wasser abbürsten, knapp mit Wasser bedeckt zugedeckt zum Kochen bringen. ½ Teelöffel Salz hinzugeben. Kartoffeln in 20–25 Minuten gar kochen.

4. Kartoffeln abgießen, mit kaltem Wasser abschrecken, abtropfen lassen. Kartoffeln noch warm pellen und durch eine Kartoffelpresse drücken. Kartoffelmasse mit Pflanzencreme verrühren, mit Salz, Pfeffer und Zitronenschale würzen. Pistazienkerne unter die Kartoffelmasse rühren.

5. Frühlingszwiebeln putzen, abspülen, abtropfen lassen und in feine Scheiben schneiden. Olivenöl in einer Pfanne erhitzen. Die Frühlingszwiebelscheiben darin kurz andünsten, unter die Kartoffelmasse rühren, erkalten lassen.

6. Den Teig in etwa gleich großen Portionen durch eine Nudelmaschine (Teigwalze) drehen, dabei nach und nach die Walzeneinstellung feiner stellen. Die Nudelbahnen sollten möglichst dünn sein. Die Nudelbahnen auf einer leicht bemehlten Arbeitsfläche ausbreiten. Je etwa 1 Teelöffel Kartoffelmasse mit je etwa 6 cm Abstand auf der Hälfte der Nudelbahnen verteilen. Die Teigzwischenräume dünn mit Wasser bestreichen. Die restlichen Nudelbahnen passgenau auf die belegten Nudelbahnen legen, in den Zwischenräumen gut andrücken. Dabei evtl. noch vorhandene Luft zwischen den Füllungen vorsichtig mit herausdrücken. Dann Ravioli ausschneiden und dünn mit Hartweizengrieß bestreuen. Die Ravioli auf einem Küchenhandtuch kurz antrocknen lassen.

7. Inzwischen für das Carpaccio Fenchel putzen, abspülen und abtropfen lassen. Das zarte Grün beiseitelegen. Die Knollen halbieren und in feine Scheiben hobeln. Von den Tomaten 3 Esslöffel von dem Öl auffangen. Tomaten in feine Streifen schneiden.

8. Für die Ravioli reichlich Wasser in einem Topf zugedeckt zum Kochen bringen. Zwischenzeitlich das Tomatenöl in einer Pfanne erhitzen. Die Fenchelscheiben darin unter Wenden 6–8 Minuten braten. Tomatenstreifen hinzugeben und kurz mitbraten lassen. Alles mit Salz, Pfeffer und Zitronensaft würzen. Die Fenchelscheiben mit den Tomatenstreifen aus der Pfanne nehmen und beiseitestellen.

9. Olivenöl in der Pfanne erhitzen, Kapern darin kurz anbraten (Vorsicht: Es spritzt!). Zitronenschale untermischen, mit etwas Salz würzen.

10. Salz ins kochende Wasser geben. Die Ravioli darin portionsweise garen, bis sie an der Wasseroberfläche schwimmen. Ravioli mit einer Schaumkelle herausnehmen, kurz abtropfen lassen, zum Kapernöl in die Pfanne geben und durchschwenken.

11. Carpaccio auf vorgewärmten Tellern anrichten. Die Ravioli mit dem Kapernöl darauf verteilen. Beiseitegelegtes Fenchelgrün klein schneiden und über die Pistazien-Ravioli streuen.

PISTAZIEN-RAVIOLI MIT GRANATAPFEL-SALSA

Zubereitungszeit: 45 Minuten
Ruhezeit: etwa 60 Minuten
+ Vegetarisch

ZUTATEN FÜR 4 PORTIONEN

ZUM VORBEREITEN:

300 g Speisequark (20 % Fett)

FÜR DEN NUDELTEIG:

25 g gehackte Pistazienkerne
½ TL Orangenschalen-Aroma
200 g Weizenmehl (Type 550)
Salz
2 Eigelb (Größe M)
1 Ei (Größe M)
1 EL Pflanzenöl
(z. B. Pistazienöl oder anderes Nussöl)

FÜR DIE GRANATAPFEL-SALSA:

2–3 mittelgroße Orangen (z. B. Blutorangen)
1–1 ½ EL feiner brauner Zucker
1 Granatapfel
evtl. 1 kleiner Stängel Thymian

FÜR DIE FÜLLUNG:

2 Eigelb (Größe M)
3 EL Zucker
1 TL Bio-Orangen- oder Zitronenschale
(unbehandelt, ungewachst)
1 Eiweiß zum Bestreichen

FÜR DEN KARAMELL:

1 ½ EL Zucker
evtl. etwas Zitronensaft

ZUSÄTZLICH:

Küchenmaschine (Knethaken)
Ausstecher rund (Ø etwa 8 cm)

PRO PORTION:

E: 24 g, F: 20 g, Kh: 75 g, kcal: 597

1. Zum Vorbereiten für die Füllung den Quark am Vortag in einem feinen Sieb abtropfen lassen (sonst Quark in einem sauberen Leinen- oder Geschirrtuch etwas ausdrücken).

2. Für den Teig Pistazienkerne und Orangenschalen-Aroma in einem Blitzhacker möglichst fein mahlen. 1 EL Mehl hinzugeben, nochmals alles sehr fein durchmixen. Pistazien-Mehl-Mix in die Rührschüssel einer leistungsstarken Küchenmaschine geben. Restliches Mehl (1 Esslöffel Mehl abnehmen), 2 Prisen Salz, Eigelb, Ei, Pflanzenöl und etwa 2 Esslöffel Wasser hinzugeben.

3. Die Zutaten zunächst auf niedrigster Stufe mit dem Knethaken durcharbeiten, bis alles gründlich gemischt ist. Dann auf mittlerer Stufe so lange durchkneten, bis ein geschmeidiger, fester, leicht glänzender Teig entstanden ist. Den Teig zu einer glatten Kugel formen, mit abgenommenem Mehl fein bestäuben. In Frischhaltefolie gewickelt mindestens 60 Minuten im Kühlschrank ruhen lassen.

4. In der Zwischenzeit für die Salsa die Orangen so schälen, dass die weiße Haut mit entfernt wird. Die Filets zwischen den Trennhäuten mit einem scharfen Messer herausschneiden. Trennhäute ausdrücken, dabei den abtropfenden Fruchtsaft auffangen. 2 Esslöffel Fruchtsaft und Zucker in einer Schüssel verrühren, bis der Zucker gelöst ist. Fruchtfilets fein schneiden und untermischen. Granatapfel halbieren, aufbrechen und die Kerne vorsichtig auslösen. Granatapfelkerne unter die Orangenfilets mischen. Nach Belieben Thymian abspülen, trocken tupfen und die Blättchen von dem Stängel zupfen. Thymianblättchen unter die Salsa mischen.

5. Für die Füllung den abgetropften Quark mit Eigelb, Zucker und Zitrusschale glatt verrühren.

6. Den Nudelteig portionsweise zunächst auf Stufe 7 durch die glatten Walzen der Nudelmaschine drehen. Dann nach und nach dünner rollen, Teig dann auf Stufe 3 zu langen Bahnen ausrollen. Teigbahnen auf einer leicht bemehlten Arbeitsflä-

che ausbreiten. Kreise (Ø etwa 8 cm) ausstechen. Jeweils maximal ½ Teelöffel der Quarkfüllung mittig daraufgeben, Ränder mit verschlagenem Eiweiß bestreichen. Die Teigkreise jeweils zur Hälfte über die Füllung klappen. Die Ränder evtl. mit einem Messer festdrücken.

7. Reichlich Wasser in einem großen Topf zugedeckt zum Kochen bringen. 1 ½ Esslöffel Salz hinzugeben. Die Nudeln portionsweise ins kochende Wasser geben, vorsichtig durchrühren. Nudeln etwa 2 Minuten bei schwacher Hitze leicht sprudelnd kochen lassen, bis sie an die Wasseroberfläche steigen. Mit einer Schaumkelle aus dem Wasser heben.

8. Für den Karamell Zucker in einer Pfanne goldgelb karamellisieren. Mit restlichem Orangensaft, evtl. 1–2 Esslöffeln Zitronensaft und etwa 3 Esslöffeln Wasser ablöschen. Den Karamell unter Schwenken loskochen und kräftig kochen lassen, bis die Mischung leicht sämig wird. Die abgetropften Ravioli hineinlegen und alles kurz durchschwenken. Ravioli und Granatapfel-Salsa auf Tellern anrichten. Sofort servieren.

TIPP:

Den Nudelteig können Sie, falls dieses Gericht z. B. für Gäste gedacht ist, bereits 1–2 Tage im Voraus vorbereiten und in Frischhaltefolie gewickelt im Kühlschrank lagern.

RATATOUILLE MIT VOLLKORNNUDELN

◷ Zubereitungszeit: 30 Minuten
+ Vegetarisch

ZUTATEN FÜR 2 PORTIONEN

1 Aubergine (300 g)
1 Zucchini (200 g)
je ½ rote und grüne Paprikaschote (200 g)
2 Tomaten (etwa 150 g)
100 g Champignons
2 Zwiebeln (130 g)
2 Knoblauchzehen
Salz
100 g Vollkorn-Spiralnudeln
1–2 EL Olivenöl (10–20 g)
4 Stängel Thymian
4 Stängel Rosmarin
gem. Pfeffer

PRO PORTION:

E: 13 g, F: 10 g, Kh: 49 g, kcal: 337

1. Aubergine und Zucchini abspülen, abtrocknen und die Enden abschneiden. Paprikahälften entstielen, entkernen und die weißen Scheidewände entfernen. Paprika und Tomaten abspülen, abtropfen lassen. Die Tomaten halbieren, Stängelansätze herausschneiden. Gemüse in größere Stücke schneiden.

2. Champignons putzen, evtl. kurz abspülen und trocken tupfen, dann in Scheiben schneiden. Zwiebeln und Knoblauch abziehen, in Würfel schneiden.

3. Wasser in einem Topf zugedeckt zum Kochen bringen. Dann Salz und Nudeln zugeben. Nudeln im geöffneten Topf bei mittlerer Hitze nach Packungsanleitung bissfest kochen, dabei gelegentlich umrühren.

4. Öl in einer großen Pfanne erhitzen. Zwiebel- und Knoblauchwürfel darin andünsten. Dann Champignonscheiben, Zucchini-, Auberginen- und Paprikastücke unter Rühren nacheinander kurz anbraten. Tomatenstücke hinzufügen und das Ganze 5–10 Minuten garen.

5. Kräuterstängel abspülen, trocken tupfen und die Blättchen und Nadeln von den Stängeln zupfen. Das Ratatouille mit Salz, Pfeffer und Kräutern würzen.

6. Vollkornnudeln in ein Sieb geben, mit heißem Wasser abspülen, abtropfen lassen und mit Ratatouille servieren.

RAVIOLI-KÄSE-AUFLAUF

Zubereitungszeit: 15 Minuten
Garzeit: etwa 45 Minuten

ZUTATEN FÜR 6 PORTIONEN

1,6 kg Ravioli in Tomatensauce (aus Dosen)
½ Bund Frühlingszwiebeln
50 g Speisestärke
200 g ger. Emmentaler

PRO PORTION:

E: 15 g, F: 15 g, Kh: 49 g, kcal: 397

1. Den Backofen vorheizen.
Ober-/Unterhitze: etwa 200 °C
Heißluft: etwa 180 °C

2. Ravioli in ein Sieb geben und abtropfen lassen. Die Tomatensauce dabei auffangen.

3. Frühlingszwiebeln putzen, abspülen, abtropfen lassen und in Scheiben schneiden. Speisestärke unter die Tomatensauce rühren. Dabei darauf achten, dass keine Klümpchen entstehen. Die Hälfte des Käses und die Frühlingszwiebelscheiben unterrühren.

4. Ravioli in eine Auflaufform (gefettet) geben. Die angerührte Tomatensauce gleichmäßig darauf verteilen. Den Auflauf mit dem restlichen Käse bestreuen.

5. Die Form auf dem Rost in den vorgeheizten Backofen (Mitte) schieben. Ravioli-Käse-Auflauf **etwa 45 Minuten garen.**

6. Den Auflauf aus dem Backofen nehmen, etwas abkühlen lassen und servieren.

RAVIOLI MIT FRISCHKÄSE-SPINAT-FÜLLUNG

- Zubereitungszeit: 45 Minuten, ohne Ruhe- und Abkühlzeit
- Vegetarisch

ZUTATEN FÜR 4 PORTIONEN

FÜR DEN NUDELTEIG:

250 g Weizenmehl
1 Ei (Größe M)
2 Eigelb (Größe M)
2 EL Speiseöl, z. B. Rapsöl
½ TL Salz

FÜR DIE FÜLLUNG:

500 g Blattspinat
40 g Butter
Salz
gem. Pfeffer
ger. Muskatnuss
200 g Doppelrahm-Frischkäse
50 g geröstete Sesamsamen
Cayennepfeffer

PRO PORTION:

E: 24 g, F: 38 g, Kh: 51 g, kcal: 677

1. Für den Nudelteig Mehl in eine Rührschüssel geben, in die Mitte eine Vertiefung drücken. Ei mit Eigelb, Speiseöl, Salz und 3-4 Esslöffel Wasser verschlagen, in die Vertiefung geben. Mit einer Gabel nach und nach etwas von dem Mehl einrühren. Anschließend mit einem Mixer (Knethaken) zu einem glatten Teig verkneten. Sollte der Teig kleben, noch etwas Mehl hinzugeben. Den Nudelteig mit etwas Mehl bestäuben, in Frischhaltefolie gewickelt etwa 1 Stunde ruhen lassen.

2. Für die Füllung Blattspinat verlesen und dicke Stiele entfernen. Spinat gründlich waschen und gut abtropfen lassen. Butter in einem Topf zerlassen. Den Spinat hinzufügen, mit Salz, Pfeffer und Muskat würzen. Spinat so lange dünsten, bis er zusammenfällt, herausnehmen und in einem Sieb abtropfen lassen.

3. Spinat mit Frischkäse und Sesam vermengen, mit Salz und Cayennepfeffer würzen, abkühlen lassen.

4. Den Nudelteig auf einer bemehlten Arbeitsfläche zu etwa 15 cm breiten Bahnen ausrollen. Jeweils 1 Esslöffel der Spinatmasse mit einer Handbreit Abstand auf die Nudelbahnen geben. Eine Längskante des Teiges mit Wasser bestreichen, dann die andere Längsseite darüberschlagen. Mit einem gezackten Förmchen oder Teigrädchen Quadrate oder nach Belieben Halbmonde ausschneiden, mit einer Gabel einmal einstechen. Die Teigränder andrücken.

5. Wasser in einem großen Topf zugedeckt zum Kochen bringen. Dann Salz und Ravioli zugeben. Nudeln im geöffneten Topf bei schwacher bis mittlerer Hitze in 6–8 Minuten gar ziehen lassen. Mit einer Schaumkelle herausheben und anrichten.

RAVIOLI MIT SALBEIBUTTER

◷ Zubereitungszeit: 20 Minuten
+ Vegetarisch

ZUTATEN FÜR 4 PORTIONEN

1 Bund Salbei
125 g Butter
Salz
500 g frische Ravioli (oder Tortellini; aus dem Kühlregal, z. B. mit Käse- oder Spinatfüllung)
30–50 g frisch gehobelter Parmesan oder Peccorino
evtl. grob zerstoßene rosa Pfefferbeeren

PRO PORTION:

E: 15 g, F: 40 g, Kh: 37 g, kcal: 568

1. Wasser in einem großen Topf zugedeckt zum Kochen bringen.

2. In der Zwischenzeit Salbei abspülen und gut trocken tupfen. Die Blättchen von den Stängeln zupfen. Butter in einer Pfanne zerlassen und leicht bräunen. Salbeiblättchen in der Butter kurz knusprig rösten, herausnehmen und auf Küchenpapier abtropfen lassen. Die Pfanne mit der Salbeibutter beiseitestellen.

3. Salz und Ravioli ins kochende Wasser geben. Ravioli nach Packungsanleitung erhitzen. Ravioli in ein Sieb geben und gut abtropfen lassen, in die beiseitegestellte Pfanne geben und in der Salbeibutter kurz durchschwenken.

4. Ravioli auf Tellern anrichten. Mit den gerösteten Salbeiblättchen, gehobeltem Parmesan oder Peccorino und evtl. Pfefferbeeren bestreut servieren.

RAVIOLI MIT SELLERIEFÜLLUNG

- Zubereitungszeit: 1 Stunde, ohne Ruhe- und Abkühlzeit
- + Vegetarisch

ZUTATEN FÜR 4 PORTIONEN (28–30 RAVIOLI)

FÜR DEN TEIG:

250 g Weizenmehl (Type 405)
2 Eier (Größe M)
1 EL Walnussöl, 1 gestr. TL Salz

FÜR DIE SELLERIEFÜLLUNG:

1 Schalotte
200 g Knollensellerie
120 g Staudensellerie
30 g Butter
150 g Crème fraîche
1 Eigelb (Größe M)
60 g ger. Parmesan
50 g klein gehackte Walnusskerne
Salz, gem. Pfeffer
1 kleines Bund Petersilie
1–2 Eigelb zum Bestreichen

FÜR DEN PAPRIKASCHAUM:

2 rote Paprikaschoten
2 Zwiebeln
2 EL Olivenöl
1 TL Paprikapulver edelsüß
250 ml Gemüsebrühe

PRO PORTION:

E: 22 g, F: 46 g, Kh: 60 g, kcal: 763

1. Für den Teig die Zutaten und 3 Esslöffel Wasser mit dem Mixer (Knethaken) erst kurz auf niedrigster, dann auf höchster Stufe zu einem festen Teig verarbeiten.In Frischhaltefolie gewickelt 30 Minuten bei Zimmertemperatur ruhen lassen.

2. Für die Selleriefüllung Schalotte abziehen, fein würfeln. Sellerie und Staudensellerie putzen. Knollensellerie schälen. Selleries abspülen, abtropfen lassen und fein würfeln.

3. Butter in einem kleinen Topf zerlassen. Schalottenwürfel darin andünsten. Selleriewürfel und Crème fraîche hinzugeben, zum Kochen bringen, etwa 2 Minuten köcheln lassen. Füllung etwas abkühlen lassen, dann Eigelb, Käse und Walnusskerne unterrühren, mit Salz und Pfeffer würzen. Petersilie abspülen und trocken tupfen. Die Blättchen von den Stängeln zupfen, klein schneiden und etwa zwei Drittel davon unter die Gemüsefüllung rühren.

4. Teig halbieren. Eine Hälfte auf der leicht bemehlten Arbeitsfläche etwa 2 mm dünn (etwa 28 x 32 cm) ausrollen. Kreise (Ø etwa 8 cm) ausstechen. In die Mitte der Kreise je 1 Teelöffel Füllung geben. Eigelb verschlagen. Teigränder mit Eigelb bestreichen und zur Hälfte zusammenklappen. Die Ränder mit einer Gabel fest andrücken, sodass kleine „Riffelmuster" entstehen. Dabei die Gabel ab und zu in etwas Mehl tauchen. Aus dem restlichen Teig auf die gleiche Weise Ravioli zubereiten.

5. Für den Paprikaschaum Paprika halbieren, entstielen, entkernen, die weißen Scheidewände entfernen. Schoten abspülen, abtropfen lassen und würfeln. Zwiebeln abziehen, würfeln. Öl erhitzen. Zwiebel- und Paprikawürfel darin andünsten, mit Paprika, Salz und Pfeffer würzen. Brühe zugießen, zum Kochen bringen, zugedeckt etwa 10 Minuten bei schwacher Hitze garen, dann pürieren. Paprikaschaum abschmecken und warm halten.

6. Wasser in einem großen Topf zum Kochen bringen. Salz und Ravioli zugeben. Ravioli im geöffneten Topf bei mittlerer Hitze in etwa 5 Minuten bissfest kochen, dabei gelegentlich umrühren. Dann mit einem Schaumlöffel herausnehmen, mit Paprikaschaum und restlicher Petersilie bestreut servieren.

REISNUDELSALAT, TÜRKISCHER

Zubereitungszeit: 60 Minuten, ohne Abkühl- und Durchziehzeit

ZUTATEN FÜR 4 PORTIONEN

Salz
250 g Arpa Sehriye, Kritharaki oder Risoni (reiskornförmige Nudeln)
30 g Pinienkerne
250 g Lammfilet
gem. Pfeffer
2 EL Olivenöl
250 g gelbe Spitzpaprikaschoten
1 Zucchini
1 Bund Frühlingszwiebeln
1 Bund glatte Petersilie

FÜR DIE SAUCE:

4 EL Zitronensaft
etwas Pul Biber (geschrotete Pfefferschoten)
gem. Kreuzkümmel (Cumin)
50 ml Olivenöl

PRO PORTION:

E: 21 g, F: 20 g, Kh: 63 g, kcal: 514

1. Wasser in einem großen Topf zugedeckt zum Kochen bringen. Dann Salz und Nudeln zugeben. Die Nudeln im geöffneten Topf bei mittlerer Hitze nach Packungsanleitung bissfest kochen, dabei gelegentlich umrühren. Anschließend die Nudeln in ein Sieb geben, mit kaltem Wasser abspülen und abtropfen lassen.

2. In der Zwischenzeit die Pinienkerne in einer Pfanne ohne Fett unter Wenden goldbraun rösten. Die Pinienkerne auf einen Teller geben. Lammfilets mit Küchenpapier abtupfen, mit Salz und Pfeffer würzen. Das Olivenöl in einer Pfanne erhitzen. Die Lammfilets darin unter Wenden etwa 10 Minuten braten. Die Filets aus der Pfanne nehmen, in Alufolie einwickeln und ruhen lassen.

3. Spitzpaprikaschoten halbieren, entstielen, entkernen und die weißen Scheidewände entfernen. Schoten abspülen, abtropfen lassen und in dünne, halbe Ringe schneiden. Zucchini abspülen, abtrocknen und die Enden abschneiden. Zucchini fein würfeln.

4. Frühlingszwiebeln putzen, abspülen, abtropfen lassen und in feine Scheiben schneiden. Petersilie abspülen, trocken tupfen und die Blättchen von den Stängeln zupfen. Blättchen klein schneiden.

5. Nudeln, Paprika, Zucchini, Frühlingszwiebeln und Petersilie in eine große Schüssel geben.

6. Für die Sauce Zitronensaft mit Salz, Pfeffer, Pul Biber und Kreuzkümmel verrühren. Das Olivenöl unterschlagen. Die Sauce mit den Salatzutaten vermengen und den Salat nochmals abschmecken. Lammfilets in Würfel oder Scheiben schneiden, mit den Pinienkernen hinzugeben und den Salat servieren.

TIPP:

Die kleinen, reisförmigen Nudeln heißen in Griechenland Kritharaki und in der Türkei Arpa Sehriye. Inzwischen gibt es sie auch von deutschen und italienischen Herstellern unter dem Namen Risoni zu kaufen.

RIGATONI IN TOMATEN-BASILIKUM-SAUCE

Zubereitungszeit: 25 Minuten
+ Vegetarisch

ZUTATEN FÜR 4 PORTIONEN

5 EL Olivenöl
3 EL Zwiebelwürfel (frisch oder TK)
1 EL brauner Zucker
1 Knoblauchzehe
800 g stückige Tomaten
(Pizza-Tomaten, aus der Dose)
Salz
gem. Pfeffer
1 Lorbeerblatt
500 g Rigatoni

ZUM SERVIEREN:

1 Bund Basilikum
125 g Crème fraîche
50 g frisch gehobelter Parmesan

PRO PORTION:

E: 23 g, F: 28 g, Kh: 100 g, kcal: 745

1. Wasser in einem großen Topf zugedeckt zum Kochen bringen. Olivenöl in einer Pfanne erhitzen, Zwiebelwürfel darin glasig dünsten. Mit Zucker bestreuen und karamellisieren lassen. Knoblauch abziehen und durch eine Knoblauchpresse drücken. Tomatenstücke mit dem Knoblauch zu den Zwiebelwürfeln in die Pfanne geben und zum Kochen bringen. Mit Salz und Pfeffer würzen. Lorbeerblatt hinzugeben. Die Tomatensauce ohne Deckel etwa 15 Minuten bei schwacher Hitze kochen lassen.

2. In der Zwischenzeit Salz und Rigatoni ins kochende Wasser geben. Die Nudeln im geöffneten Topf bei mittlerer Hitze nach Packungsanleitung bissfest kochen, dabei gelegentlich umrühren.

3. In der Zwischenzeit Basilikum abspülen und trocken tupfen. Die Blättchen von den Stängeln zupfen. Blättchen klein schneiden (einige Blättchen zum Garnieren beiseitelegen). Anschließend die garen Nudeln in ein Sieb geben, mit heißem Wasser abspülen und abtropfen lassen.

4. Die Tomatensauce nochmals mit Salz und Pfeffer abschmecken, Lorbeerblatt entfernen. Die Nudeln mit der Tomatensauce und Crème fraîche auf Tellern anrichten. Mit Parmesan und klein geschnittenem Basilikum bestreuen. Mit den beiseitegelegten Basilikumblättchen garniert sofort servieren.

RIGATONI MIT ERBSEN-PESTO

Zubereitungszeit: 45 Minuten, ohne Abkühlzeit
+ Vegetarisch

ZUTATEN FÜR 4 PORTIONEN

FÜR DAS PESTO:

75 g Pinienkerne
2 Knoblauchzehen
450 g TK-Erbsen
Salz
6 Stängel Basilikum
6 EL Olivenöl
gem. Pfeffer

ZUSÄTZLICH:

50 g getrocknete Tomaten
40 g Rucola
Salz
400 g Rigatoni
40 g ger. Parmesan

PRO PORTION:

E: 30 g, F: 29 g, Kh: 90 g, kcal: 776

1. Für das Pesto die Pinienkerne in einer Pfanne ohne Fett unter Rühren goldbraun rösten. Den Knoblauch abziehen, durch eine Knoblauchpresse dazudrücken und mit den Pinienkernen verrühren. Alles herausnehmen und auf einem Teller abkühlen lassen.

2. Die gefrorenen Erbsen in kochendem Salzwasser (auf 1 Liter Wasser etwa 1 gestr. Teelöffel Salz) etwa 3 Minuten bei starker Hitze kochen lassen. Anschließend die Erbsen in ein Sieb geben, mit reichlich kaltem Wasser abspülen und gut abtropfen lassen.

3. Basilikum abspülen und trocken tupfen. Von 4 Stängeln die Blättchen abzupfen. Restliche Basilikumstängel beiseitelegen.

4. Die Erbsen portionsweise mit den Basilikumblättchen, vorbereiteten Pinienkernen, Olivenöl, etwa ½ Teelöffel Salz und Pfeffer mit einem Blitzhacker oder Pürierstab fein zerkleinern. Erbsenpesto mit Salz und Pfeffer würzen.

5. Getrocknete Tomaten in kleine Stücke schneiden. Tomatenstücke in dem kleinen Topf mit 100 ml Wasser zum Kochen bringen und bei mittlerer Hitze ohne Deckel in etwa 5 Minuten einkochen lassen, bis die Tomatenstückchen weich sind und fast keine Flüssigkeit mehr vorhanden ist. Topf von der Kochstelle nehmen.

6. Rucola verlesen und dicke Stängel abschneiden. Rucola abspülen, gut abtropfen lassen oder trocken schleudern und evtl. etwas kleiner zupfen.

7. Wasser in einem großen Topf zugedeckt zum Kochen bringen. Dann Salz und Rigatoni zugeben. Die Nudeln im geöffneten Topf bei mittlerer Hitze nach Packungsanleitung bissfest kochen, dabei gelegentlich umrühren. Anschließend die Nudeln in ein Sieb geben, mit heißem Wasser abspülen und abtropfen lassen.

8. In der Zwischenzeit von den beiseitegelegten Basilikumstängeln die Blättchen abzupfen. Blättchen grob zerschneiden.

9. Die Nudeln mit dem Erbsen-Pesto und den Tomatenstücken in einer großen Schüssel mischen und sofort in vorgewärmten Tellern anrichten. Mit Basilikum, Rucola und Parmesan bestreut sofort servieren.

TIPP:

Für vegane Rigatoni mit Erbsen-Pesto den Parmesan einfach weglassen. Dann darauf achten, dass die Nudeln ohne Ei hergestellt wurden.

RIGATONI MIT PFIFFERLINGS-SALSICCE-STIPPE

Zubereitungszeit: 35 Minuten

ZUTATEN FÜR 4 PORTIONEN

Meersalz
350 g Röhrennudeln (z. B. Rigatoni)

FÜR DIE STIPPE:

400 g Salsicce (grobe ital. Bratwurst)
250 g Pfifferlinge (frisch oder TK; alternativ z. B. Kräuterseitlinge oder rosé Champignons)
½ kleine rote Zwiebel
gem. Pfeffer
1 TL Tomatenmark
1 gestr. EL Weizenmehl
250 g Kochsahne (10 % Fett)

50 g Rucola (Rauke)

PRO PORTION:

E: 27 g, F: 38 g, Kh: 66 g, kcal: 727

1. Wasser in einem großen Topf zugedeckt zum Kochen bringen. Dann 3 Teelöffel Meersalz und Nudeln hinzugeben. Die Nudeln im geöffneten Topf bei mittlerer Hitze nach Packungsanleitung bissfest garen, dabei gelegentlich umrühren.

2. In der Zwischenzeit für die Stippe von den Bratwürsten das Brät in Stückchen aus der Pelle drücken. Pilze putzen, evtl. anhängenden Sand und Blattreste abbürsten. Oder die Pilze kurz abspülen und gut trocken tupfen. Zwiebel abziehen, halbieren und eine Hälfte in sehr kleine Streifen schneiden.

3. Das Wurstbrät in einer großen Pfanne unter Rühren kräftig anbraten, dabei die Fleischklümpchen mit einem Pfannenwender oder einer Gabel etwas zerkleinern. Wurstbrät herausnehmen und auf einen Teller geben.

4. Die Pilze in dem verbliebenen Bratfett unter Wenden anbraten, mit Pfeffer und etwas Meersalz (zunächst vorsichtig salzen, denn das Brät kann bereits sehr stark gewürzt sein) würzen.

5. Wurstbrät und Tomatenmark hinzugeben und untermischen. Das Mehl fein darüberstäuben und alles unter Wenden etwa 1 weitere Minute braten. Die Kochsahne unter Rühren hinzugießen, zum Kochen bringen und bei schwacher Hitze etwa 1 Minute kochen lassen.

6. Rucola verlesen, putzen, abspülen, trocken tupfen oder trocken schleudern. Die gegarten Nudeln in einem Sieb gut abtropfen lassen. Nudeln, Rucola, Pfifferlings-Salsicce-Stippe und Zwiebelstreifen auf Tellern anrichten.

TIPP:

Wenn die Pfifferlings-Saison vorbei ist, lassen sich TK-Pfifferlinge verwenden (in gut sortieren Supermärkten erhältlich). Sie lassen sich ebenso gut für dieses Gericht verwenden. Die Pilze dann direkt aus der Packung in die heiße Pfanne geben und mindestens 5 Minuten bei starker Hitze braten.

RIGATONI-PFANNE MIT BRATWURSTKLÖSSCHEN

Zubereitungszeit: 40 Minuten

ZUTATEN FÜR 4 PORTIONEN

Salz
250 g Rigatoni
200 g TK-Erbsen
3 Zwiebeln
75 g durchwachsener, geräucherter Speck
250 g Champignons
200 g Möhren
2 EL Speiseöl, z. B. Sojaöl
400 g ungebrühte Kalbs- oder feine Schweinebratwürste
Cayennepfeffer
200 g Schlagsahne
500 ml Gemüse- oder Rinderbrühe
½ Bund Petersilie
2–3 EL heller Saucenbinder

PRO PORTION:

E: 33 g, F: 50 g, Kh: 63 g, kcal: 838

1. Für die Nudeln Wasser in einem großen Topf zugedeckt zum Kochen bringen. Dann Salz und Rigatoni zugeben. Die Nudeln im geöffneten Topf bei mittlerer Hitze nach Packungsanleitung bissfest kochen lassen, dabei gelegentlich umrühren.

2. In der Zwischenzeit die Erbsen antauen lassen, Zwiebeln abziehen und in kleine Würfel schneiden. Speck ebenfalls klein würfeln. Champignons putzen, evtl. kurz abspülen und trocken tupfen, halbieren oder vierteln. Möhren putzen, schälen, abspülen, abtropfen lassen und in dünne Scheiben schneiden.

3. Anschließend die Nudeln in ein Sieb geben, mit heißem Wasser abspülen, abtropfen lassen und warm stellen.

4. Speiseöl in einem Wok erhitzen. Speckwürfel darin anbraten. Aus den Bratwürsten die Bratwurstmasse so herausdrücken, dass kleine Klößchen entstehen, eventuell rund formen und zu den Speckwürfeln in den Wok geben. Die Klößchen von allen Seiten anbraten. Klößchen und Speckwürfel aus dem Wok nehmen und beiseitestellen.

5. Zwiebelwürfel in dem verbliebenen Bratfett andünsten. Champignonstücke und Möhrenscheiben hinzugeben, unter Rühren kurz anbraten. Mit Salz und Cayennepfeffer würzen. Sahne und Brühe hinzugießen, zum Kochen bringen und 5–6 Minuten kochen lassen.

6. In der Zwischenzeit Petersilie abspülen und trocken tupfen. Die Blättchen von den Stängeln zupfen. Blättchen klein schneiden.

7. Beiseitegestellte Hackklößchen, Speckwürfel und angetaute Erbsen zu den Champignonstücken und Möhrenscheiben geben und 2–3 Minuten mitkochen lassen. Die Flüssigkeit mit Saucenbinder verrühren und unter Rühren kurz aufkochen lassen. Nudeln unterheben.

8. Danach die Rigatoni-Pfanne nochmals mit Salz und Cayennepfeffer abschmecken, mit Petersilie bestreuen und servieren.

RISONI-GEMÜSE-AUFLAUF, GRIECHISCHER

Zubereitungszeit: 45 Minuten
Garzeit: etwa 25–30 Minuten
+ Vegetarisch

ZUTATEN FÜR 8 PORTIONEN

Salz
250 g reisförmige Nudeln,
z. B. Risoni oder Kritharaki
120 g abgetropfte getrocknete Tomaten, in Öl
400 g Tomaten
880 g abgetropfte grüne Bohnen (aus der Dose)
500 g abgetropfte weiße Riesenbohnenkerne (aus der Dose)
160 g abgetropfte schwarze Oliven, mit Stein
2–4 Knoblauchzehen
2 Eier (Größe M)
300 g Crème fraîche
4 EL klein geschnittene Petersilie
gem. Pfeffer
300–400 g abgetropfter Fetakäse
2 TL gerebelter Rosmarin
1 Stängel frischer Rosmarin

PRO PORTION:

E: 22 g, F: 33 g, Kh: 41 g, kcal: 554

1. Wasser in einem großen Topf zugedeckt zum Kochen bringen. Dann Salz und Nudeln zugeben. Die Nudeln im geöffneten Topf bei mittlerer Hitze nach Packungsanleitung etwa 7 Minuten vorgaren, dabei gelegentlich umrühren. Dann die Nudeln in ein Sieb geben, mit kaltem Wasser abspülen und abtropfen lassen.

2. In der Zwischenzeit den Backofen vorheizen.
Ober-/Unterhitze: etwa 220 °C
Heißluft: etwa 200 °C

3. Getrocknete Tomaten in feine Streifen schneiden. Frische Tomaten abspülen, abtrocknen, halbieren und die Stängelansätze herausschneiden. Tomaten in Scheiben schneiden. Grüne Bohnen, weiße Bohnen, getrocknete Tomatenstreifen, Tomatenscheiben, Nudeln und Oliven in einer großen, flachen Auflaufform (gefettet) verteilen und vorsichtig vermischen.

4. Knoblauch abziehen und durch eine Knoblauchpresse drücken. Eier mit Crème fraîche, Knoblauch und Petersilie verrühren, mit Salz und Pfeffer würzen. Die Eier-Crème-fraîche-Masse gleichmäßig auf die Gemüsemischung geben. Fetakäse fein zerbröseln, mit Rosmarin vermischen und auf dem Auflauf verteilen.

5. Die Form auf dem Rost in den vorgeheizten Backofen schieben. Den Auflauf **25–30 Minuten garen.**

6. Frischen Rosmarin abspülen und trocken tupfen. Die Nadeln von dem Stängel zupfen. Den Auflauf mit Rosmarinnadeln garniert servieren.

ROSMARIN-SELLERIE-PASTA

Zubereitungszeit: 20 Minuten
Garzeit: etwa 15 Minuten
+ Vegan

ZUTATEN FÜR 4 PORTIONEN

2 Zwiebeln (150 g)
2 Knoblauchzehen
1 Staudensellerie (etwa 600 g)
2–3 kleine Stängel frischer oder 1 TL getrockneter Rosmarin
60 g abgetropfte getrocknete Tomaten, in Öl
2 EL Tomatenöl (von den Tomaten)
gem. Pfeffer
100 ml vegane Gemüsebrühe
3–4 EL Zitronensaft (von 1 großen Zitrone)
Salz
350 g vegane Bandnudeln, z. B. Tagliatelle
1 Prise Voll-Rohrzucker

ZUM BESTREUEN:

60–80 g veganer Käse-Ersatz

PRO PORTION:

E: 14 g, F: 11 g, Kh: 74 g, kcal: 463

1. Zwiebeln und Knoblauch abziehen, dann fein würfeln. Sellerie putzen, abspülen, abtropfen lassen und in längliche Stücke schneiden. Nach Belieben Selleriegrün zum Garnieren beiseitelegen. Frischen Rosmarin abspülen und trocken tupfen. Von den Tomaten 2 Esslöffel Tomatenöl auffangen. Tomaten in Streifen schneiden.

2. Für die Nudeln Wasser in einem großen Topf zugedeckt zum Kochen bringen. Inzwischen das aufgefangene Tomatenöl in einer Pfanne erhitzen. Zwiebel- und Knoblauchwürfel darin andünsten. Rosmarin und Sellerie zugeben und kurz mit andünsten, mit Salz und Pfeffer würzen. Brühe und Zitronensaft angießen und den Sellerie bei schwacher Hitze zugedeckt in 5–8 Minuten weich, aber mit Biss dünsten. Tomaten etwa 3 Minuten mitdünsten.

3. In der Zwischenzeit Salz und Bandnudeln ins Kochwasser geben. Die Nudeln im geöffneten Topf bei mittlerer Hitze nach Packungsanleitung bissfest kochen, dabei gelegentlich umrühren. Anschließend die Nudeln in ein Sieb geben, mit heißem Wasser abspülen und abtropfen lassen.

4. Die Nudeln zum Sellerie geben, alles bei starker Hitze durchschwenken und mit Salz, Pfeffer und Zucker würzen. Die Pasta auf Tellern anrichten, mit Käse-Ersatz bestreuen und nach Belieben mit Selleriegrün garnieren.

TIPP:

Garnieren Sie die Pasta mit einigen abgespülten, trocken getupften Rosmarinstängeln.

ROTE-BETE-SPÄTZLE MIT GORGONZOLASAUCE

Zubereitungszeit: 35 Minuten, ohne Abkühlzeit
Garzeit (Rote Bete): etwa 45 Minuten
+ Vegetarisch

ZUTATEN FÜR 12 PORTIONEN

FÜR DIE SPÄTZLE:

600 g Rote Bete
Salz
gem. Pfeffer
gem. Piment (Nelkenpfeffer)
4 Eier (Größe M)
800 g Weizenmehl
300 ml Milch
4 EL Butter

FÜR DIE SAUCE:

250 ml Milch
400 g Gorgonzola
250 g Schlagsahne
einige vorbereitete Schnittlauchröllchen

PRO PORTION:

E: 21 g, F: 26 g, Kh: 57 g, kcal: 569

1. Für die Spätzle die Rote Bete gründlich waschen. Rote Bete in einem großen Topf in kochendem Salzwasser etwa 45 Minuten weich kochen, herausnehmen, etwas abkühlen lassen. Rote Bete pellen (evtl. mit Haushaltshandschuhen, da Rote Bete stark färbt), klein schneiden. Rote Bete erkalten lassen, in eine Schüssel geben und mit einem Pürierstab pürieren. Mit Salz, Pfeffer und Piment würzen.

2. Eier, Mehl und Milch zum Rote-Bete-Püree geben und mit einem Mixer (Knethaken) verrühren. Nur so viel Milch verwenden, dass ein geschmeidiger Spätzleteig entsteht.

3. Wasser in einem großen Topf zugedeckt zum Kochen bringen. Salz zugeben. Den Teig portionsweise mit einem Spätzlehobel oder durch eine Spätzlepresse in das kochende Wasser geben und in 3–5 Minuten gar kochen lassen (die Spätzle sind gar, wenn sie an der Oberfläche schwimmen). Die garen Spätzle mit einer Schaumkelle aus dem Salzwasser nehmen, in ein Sieb geben, mit kaltem Wasser abschrecken und abtropfen lassen.

4. Spätzle in eine große Schüssel geben und Butter darauf verteilen. Spätzle warm stellen.

5. Für die Sauce Milch in einem Topf erhitzen. Gorgonzola etwas zerbröseln, zu der heißen Milch in den Topf geben und unter Rühren aufkochen lassen. Sahne unterrühren. Gorgonzolabrösel in der Sahnemilch bei schwacher Hitze langsam schmelzen lassen, bis eine cremige Sauce entstanden ist.

6. Die warm gestellten Spätzle mit der Gorgonzolasauce servieren und mit Schnittlauch garnieren.

RUCOLA-PASTA MIT SCHINKEN-FISCH-PÄCKCHEN

Zubereitungszeit: 30 Minuten

ZUTATEN FÜR 4 PORTIONEN

Salz
200 g Bandnudeln, z. B. Tagliatelle
600 g mageres, festes Fischfilet, z. B. Pangasius, Kabeljau (frisch oder TK)
einige frische Kräuter, z. B. Salbei, Dill, Basilikum (ersatzweise 4 TL TK-Kräuter)
120 g Rucola
gem. Pfeffer
4 große Scheiben hauchdünn geschnittener roher Schinken, z. B. Parmaschinken oder Pfefferschinken)
2 TL Butter
4 EL Limettensaft
300 ml Gemüsebrühe
1 Prise Zucker

PRO PORTION:

E: 36 g, F: 9 g, Kh: 39,kcal: 386

1. Wasser in einem großen Topf zugedeckt zum Kochen bringen. Dann Salz und Nudeln zugeben. Die Nudeln im geöffneten Topf bei mittlerer Hitze nach Packungsanleitung bissfest kochen, dabei gelegentlich umrühren.

2. In der Zwischenzeit Fisch mit Küchenpapier abtupfen und evtl. noch vorhandene Gräten sorgfältig entfernen. Kräuter abspülen und trocken tupfen. Die Blättchen oder Spitzen von den Stängeln zupfen.

3. Rucola verlesen und dicke Stängel abschneiden. Rucola abspülen, gut abtropfen lassen oder trocken schleudern und evtl. etwas kleiner zupfen. Das Fischfilet mit etwas Salz und Pfeffer würzen. Die Kräuterblättchen oder -spitzen darauflegen. Das Fischfilet mit den Schinkenscheiben sorgfältig umwickeln.

4. Butter in einer Pfanne zerlassen. Das Fischfilet darin unter vorsichtigem Wenden von beiden Seiten zartbraun braten, herausnehmen und zugedeckt auf einem vorgewärmten Teller warm halten.

5. Zwischenzeitlich die garen Nudeln in ein Sieb geben, mit heißem Wasser abspülen und abtropfen lassen.

6. Das verbliebene Bratfett mit Limettensaft und Brühe ablöschen, zum Kochen bringen und bei starker Hitze etwa um die Hälfte einkochen lassen. Die Sauce mit Salz, Pfeffer und Zucker abschmecken.

7. Die Nudeln zu der Sauce in die Pfanne geben und vermischen, dann Rucola hinzugeben und alles gut durchschwenken. Rucola-Nudeln mit Salz und Pfeffer würzen. Evtl. ausgetretenen Bratensaft von dem Fischfilet hinzugießen. Die Schinken-Fisch-Päckchen mit der Rucola-Pasta anrichten.

RUCOLA-RICOTTA-LASAGNE

Zubereitungszeit: 30 Minuten, ohne Abkühlzeit
Backzeit: etwa 35–40 Minuten

ZUTATEN FÜR 4 PORTIONEN

1 kg rote Paprikaschoten

FÜR DIE RICOTTAMASSE:

350 g Ricotta (ital. Frischkäse)
Salz, gem. Pfeffer
1 Ei (Größe M)
1 Eigelb (Größe M)
125 g Rucola
1 TL fein abger. Schale von 1 Bio-Zitrone (unbehandelt, ungewachst)

300 g frischer, hauchdünn ausgerollter Nudelteig (aus dem Kühlregal) oder frische Lasagneplatten
150 g hauchdünne Scheiben Mortadella

FÜR DEN BELAG:

250 g Tomaten
½ TL gerebelter Thymian
250 g abgetropfter Mozzarella
40 g junger Parmesan, am Stück

PRO PORTION:

E: 38 g, F: 47 g, Kh: 58 g, kcal: 837

1. Den Backofengrill auf etwa 225 °C vorheizen.

2. Paprikaschoten halbieren, entstielen, entkernen und die weißen Scheidewände entfernen. Die Schotenhälften jeweils mit der Schnittfläche nach unten auf einem Backblech (mit Backpapier belegt) verteilen. Das Backblech unter den vorgeheizten Backofengrill schieben. Die Paprikahälften so lange rösten, bis die Haut anfängt, Blasen zu werfen. Das Backblech aus dem Backofen nehmen. Die Paprikahälften mit einem feuchten Geschirrtuch belegen und etwas abkühlen lassen.

3. Inzwischen für die Ricottamasse Ricotta in einer Schüssel glatt rühren, mit Salz und Pfeffer würzen. Ei und Eigelb gut unterrühren. Rucola verlesen und dicke Stängel abschneiden. Rucola abspülen, gut abtropfen lassen oder trocken schleudern und fein hacken. Rucola und Zitronenschale unter die Ricottamasse rühren.

4. Von den gerösteten Paprikahälften die Haut abziehen. Paprikahälften leicht flach drücken.

5. Den Backofen vorheizen.
Ober-/Unterhitze: etwa 200 °C
Heißluft: etwa 180 °C

6. Den Nudelteig in 3 gleich große Stücke, jeweils in Größe der Auflaufform, schneiden. Die Auflaufform (gefettet) mit einer Lage Teig bzw. Lasagneplatten auslegen. Die Hälfte der Mortadellascheiben und die Hälfte der Paprikahälften darauflegen. Dann die Hälfte der Ricottamasse darauf verstreichen. Wieder mit einer Lage Teig bzw. Lasagneplatten belegen. Dann die restlichen Mortadellascheiben und Paprikahälften daraufschichten. Restliche Ricottamasse darauf verteilen und mit der letzten Teigplatte bzw. den restlichen Lasagneplatten belegen.

7. Für den Belag Tomaten abspülen, abtrocknen, halbieren und die Stängelansätze herausschneiden. Tomaten in feine Scheiben schneiden, auf der Lasagne verteilen, mit Salz, Pfeffer und Thymian würzen. Mozzarella in feine Scheiben schneiden und gleichmäßig darauf verteilen. Parmesan daraufreiben.

8. Die Form auf dem Rost in den vorgeheizten Backofen schieben. Die Lasagne in **35–40 Minuten goldbraun backen.**

9. Die Form auf einen Kuchenrost stellen. Lasagne etwa 5 Minuten stehen lassen, dann in Stücke schneiden und servieren.

RUOTE MIT LIMETTENSAHNE

● Zubereitungszeit: 25 Minuten
Überbackzeit: etwa 5 Minuten
▲ Mit Alkohol
✚ Vegetarisch

ZUTATEN FÜR 4 PORTIONEN

3 Bio-Limetten (unbehandelt, ungewachst)
Salz
300 g Ruote (Rädernudeln)
200 g Schlagsahne
100 ml trockener Wermut
Zucker
1 EL klein geschnittene Dillspitzen
150 g Pecorino- oder Parmesan-Käse
evtl. einige vorbereitete Dillspitzen und Limettenschalenstreifen

PRO PORTION:

E: 23 g, F: 31 g, Kh: 59 g, kcal: 638

1. Die Limetten heiß abwaschen und abtrocknen. Die Schale so dünn mit einem scharfen Messer abschneiden, dass die weiße Haut mitentfernt wird. Schale in feine Streifen schneiden. Limetten halbieren und den Saft auspressen.

2. Wasser in einem großen Topf zugedeckt zum Kochen bringen. Dann Salz und Nudeln zugeben. Die Nudeln im geöffneten Topf bei mittlerer Hitze nach Packungsanleitung bissfest kochen, dabei gelegentlich umrühren. Anschließend die Nudeln in ein Sieb geben, mit heißem Wasser abspülen und abtropfen lassen.

3. Den Backofengrill vorheizen.

4. Sahne mit Wermut und Limettensaft in einem Topf zum Kochen bringen und etwas einkochen lassen. Limettenschalenstreifen unterrühren. Mit Salz und Zucker würzen. Dill unterrühren.

5. Die Nudeln mit der Limettensahne vermischen und in eine Gratinform (gefettet) geben. Mit Käse bestreuen. Das Gratin unter dem vorgeheizten Grill etwa 5 Minuten überbacken.

6. Ruote mit Limettensahne nach Belieben mit Dillspitzen und Limettenschalenstreifen garnieren.

SCAMPI & GEMÜSE-STICKS, KNUSPRIGE

Zubereitungszeit: 25 Minuten

ZUTATEN FÜR 2 PORTIONEN

Meersalz
ca. 100 g Engelshaar-Nudeln (Capelli d'angelo oder sehr feine Spaghetti/Capellini)
1 EL Sonnenblumenöl

FÜR DEN DIP:

½ Bio-Zitrone (unbehandelt, ungewachst)
100 g Salatmayonnaise
50 g Joghurt (3,5 % Fett)
gem. Pfeffer
1 Prise Zucker
3–4 Stängel frisches Basilikum

1 mittelgroße Zucchini (etwa 150 g)
½ rote Paprikaschote (etwa 120 g)
8–12 rohe Scampis, geschält

etwa 75 ml Frittier- bzw. hoch erhitzbares Pflanzenöl
Paprikapulver, edelsüß

PRO PORTION:

E: 29 g, F: 70 g, Kh: 41 g, kcal: 917

1. Wasser in einem großen Topf zugedeckt zum Kochen bringen. Dann 1 Esslöffel Meersalz und Nudeln hinzugeben. Die Nudeln im geöffneten Topf bei mittlerer Hitze nach Packungsanleitung bissfest garen, dabei gelegentlich umrühren. Nudeln in einem Sieb nur kurz abtropfen lassen und in eine Schüssel geben. Sofort das Sonnenblumenöl untermischen.

2. Für den Dip Zitrone heiß abwaschen, abtrocknen und etwas von der Schale fein abreiben. Zitrone halbieren und von einer Hälfte den Saft auspressen. Mayonnaise mit Joghurt und Zitronenschale verrühren. Mit Meersalz, Pfeffer, Zucker und Zitronensaft abschmecken. Basilikum abspülen, trocken tupfen und die Blättchen von den Stängeln zupfen. Blättchen fein schneiden. Basilikum unter den Dip rühren, in den Kühlschrank stellen.

3. Zucchini abspülen, abtrocknen und die Enden abschneiden. Zucchini in etwa 6 cm lange, 1–2 cm breite Stifte schneiden. Paprikaschote halbieren, entstielen, entkernen und die weißen Scheidewände entfernen. Eine Paprikahälfte ebenfalls in etwa 6 cm lange, 1–2 cm große Stücke schneiden. Scampis evtl. kurz abspülen und gründlich trocken tupfen.

4. Von den Nudeln mit Händen jeweils eine kleine Portion entwirren. Zucchinistifte und Paprikastücke sowie Scampis damit jeweils fest umwickeln.

5. Frittier- oder Pflanzenöl in einer weiten Pfanne erhitzen. Umwickelte Zucchini-, Paprikastücke und Scampis darin bei starker bis mittlerer Hitze kurz braun und knusprig braten. Auf Küchenpapier kurz abtropfen lassen.

6. Pasta-Sticks mit Meersalz und Paprika würzen und mit dem Zitronen-Basilikum-Dip anrichten.

TIPP:

Die Sticks mit Limettenspalten garnieren.

SCHOKOLADENNUDELN MIT BOURBON-VANILLESCHAUM

◷ Zubereitungszeit: 40 Minuten, ohne Ruhezeit
+ Vegetarisch

ZUTATEN FÜR 4 PORTIONEN

FÜR DIE SCHOKOLADENNUDELN:

260 g Weizenmehl
80 g gesiebtes Kakaopulver
40 g gesiebter Puderzucker
3 Eier (Größe M)
50 g Mascarpone (ital. Frischkäse)
1 Prise Salz
40 g Butter
3 EL Zucker

FÜR DEN VANILLESCHAUM:

4 Eigelb (Größe M)
80 g Zucker
200 ml Milch
150 g Schlagsahne
1 Vanilleschote

vorbereitete Minzeblättchen

PRO PORTION:

E: 22 g, F: 35 g, Kh: 84 g, kcal: 750

1. Für die Nudeln das Mehl, Kakao und Puderzucker in eine Rührschüssel geben. Eier, Mascarpone und Salz hinzufügen. Die Zutaten mit dem Mixer (Knethaken) zu einem glatten Teig verkneten. Den Teig in Frischhaltefolie gewickelt etwa 30 Minuten ruhen lassen.

2. Den Teig auf einer bemehlten Arbeitsfläche dünn ausrollen, in Streifen schneiden oder rädeln.

3. Etwa 3 l Wasser in einem Topf mit Butter und Zucker zugedeckt zum Kochen bringen. Die Nudeln hinzugeben, wieder zum Kochen bringen und im geöffneten Topf mit mittlerer Hitze etwa 4 Minuten kochen lassen, dabei gelegentlich umrühren. Anschließend die Nudeln in ein Sieb geben, mit heißem Wasser abspülen und abtropfen lassen.

4. Für den Vanilleschaum Eigelb mit Zucker schaumig rühren. Die Milch und Sahne in einem Topf verrühren. Vanilleschote längs aufschneiden und das Mark herauskratzen. Vanillemark zu der Milch-Sahne in den Topf geben und aufkochen lassen. Die Milch-Sahne unter die Eigelbcreme rühren, wieder zurück in den Topf schütten und mit einem Schneebesen aufschlagen, bis die Masse dicklich wird. Nicht mehr kochen.

5. Die Nudeln auf Tellern verteilen, den Vanilleschaum daraufgeben. Mit Minzeblättchen garniert servieren.

SELLERIE-PESTO

● Zubereitungszeit: 20 Minuten, ohne Abkühlzeit
+ Vegetarisch

ZUTATEN FÜR 6 PORTIONEN

40 g Pinienkerne
10–12 Blättchen Selleriegrün
2–3 Knoblauchzehen
100 ml Olivenöl
gem. Pfeffer
1 Prise Zucker
Saft von ½ Zitrone
50 g ger. Parmesan
Salz

PRO PORTION:

E: 4 g, F: 23 g, Kh: 1 g, kcal: 226

1. Pinienkerne in einer Pfanne ohne Fett unter Wenden goldbraun rösten, herausnehmen, auf einen Teller geben und abkühlen lassen.

2. Sellerieblättchen abspülen, trocken tupfen und grob zerkleinern. Knoblauch abziehen. Olivenöl, Sellerieblättchen, Knoblauch, Pinienkerne, Pfeffer, Zucker und Zitronensaft in einem hohen Rührbecher zu einer cremigen Masse pürieren. Parmesan unterrühren (nicht mehr pürieren). Evtl. mit Salz abschmecken.

TIPP:

Der intensive Geschmack des Selleriepestos passt zu Nudeln ebenso gut wie zu Gnocchis. Es ist im Kühlschrank etwa 7 Tage haltbar.

SOBANUDELN MIT RETTICH-WASABI-SAUCE

● Zubereitungszeit: 45 Minuten
▲ Mit Alkohol
+ Vegetarisch

ZUTATEN FÜR 4 PORTIONEN

250 g Soba-Nudeln
2 Teebeutel Grüner Tee
Salz
175 g Zuckerschoten
400 g Brokkoli

FÜR DIE VINAIGRETTE:

40 g frischer Ingwer
100 g Rettich
30 g Frühlingszwiebeln
2 EL Wasabi (nach Belieben auch mehr)
6 EL Sojasauce
10 EL Mirin (süßer Reiswein)
8 EL Reisessig
2 EL geröstetes Sesamöl

ZUSÄTZLICH:

200 g Shiitake-Pilze
4 EL Maiskeimöl
8 Stängel Koriander

PRO PORTION:

E: 15 g, F: 25 g, Kh: 59 g, kcal: 553

1. Soba-Nudeln mit den Teebeuteln in kochendem Salzwasser nach Packungsanleitung bissfest garen.

2. In der Zwischenzeit von den Zuckerschoten die Enden abschneiden, evtl. abfädeln, abspülen und abtropfen lassen. Brokkoli putzen, abspülen, abtropfen lassen und in kleine Röschen teilen. Zuckerschoten und Brokkoliröschen in kochendem Salzwasser in etwa 3 Minuten bissfest garen. Anschließend mit kaltem Wasser abschrecken und in einem Sieb abtropfen lassen.

3. Die gegarten Nudeln in ein Sieb geben, mit kaltem Wasser abspülen und abtropfen lassen. Die Teebeutel entfernen.

4. Für die Vinaigrette den Ingwer und Rettich schälen und beides sehr fein würfeln. Frühlingszwiebeln putzen, abspülen, abtropfen lassen und in sehr dünne Scheiben schneiden. Ingwer-, Rettichwürfel und Frühlingszwiebelscheiben mit Wasabi, Sojasauce, Mirin und Reisessig verrühren, Sesamöl unterschlagen.

5. Von den Shiitake-Pilzen die Stiele abschneiden. Pilzköpfe abspülen, trocken tupfen und in sehr dünne Scheiben schneiden. Maiskeimöl in einer Pfanne erhitzen. Die Pilzscheiben darin bei starker Hitze unter Rühren etwa 5 Minuten braten, dann mit Salz würzen.

6. Koriander abspülen und trocken tupfen. Die Blättchen von den Stängeln zupfen, Blättchen grob zerschneiden.

7. Die Nudeln, Brokkoliröschen und Zuckerschoten anrichten und gleichmäßig mit der Vinaigrette beträufeln. Shiitake-Pilze und Koriander darauf verteilen und servieren.

SOBANUDEL-SALAT MIT SHIITAKE

Zubereitungszeit: 25 Minuten, ohne Abkühlzeit
Garzeit: etwa 8 Minuten
+ Vegetarisch

ZUTATEN FÜR 4 PORTIONEN

Salz
250 g asiatische Buchweizennudeln (Soba; ersatzweise z. B. Weizen- oder Dinkel-Vollkornspaghetti)

FÜR DIE MARINADE:

25–30 g eingelegter Ingwer (Gari)
2 heller Essig, z. B. Reis- oder Weißweinessig
1 EL Zitronensaft
3–4 EL Sojasauce
gem. Pfeffer
2 EL Sesamöl
5 EL Soja- oder Rapsöl

FÜR DEN SALAT:

150 g TK-Erbsen
2 mittelgroße Möhren
125 g Shiitake-Pilze (alternativ Champignons)
2–3 Frühlingszwiebeln
evtl. etwa 50 ml heiße Instant-Gemüsebrühe

1–2 EL Noriflocken (getrocknete Algen in feinen Streifen; z. B. aus dem Naturkostladen)

PRO PORTION:

E: 14 g, F: 20 g, Kh: 52 g, kcal: 451

1. Wasser in einem großen Topf zugedeckt zum Kochen bringen. Salz und die Nudeln zugeben. Die Nudeln im geöffneten Topf bei mittlerer Hitze nach Packungsanleitung bissfest kochen, dabei gelegentlich umrühren.

2. Inzwischen für die Marinade eingelegten Ingwer abtropfen lassen und fein hacken. Mit Reisessig, Zitronensaft, Sojasauce, Pfeffer, Sesamöl und 1 Esslöffel Sojaöl in einer Schüssel verquirlen.

3. Gare Nudeln in ein Sieb geben, mit heißem Wasser abspülen, gut abtropfen lassen und noch heiß mit der Marinade mischen. Lauwarm abkühlen lassen.

4. In der Zwischenzeit für den Salat die Erbsen antauen lassen. Möhren putzen, schälen, abspülen und abtropfen lassen, in sehr feine Stifte schneiden oder auf einer Küchenreibe nicht zu fein raspeln. Pilze putzen, evtl. kurz abspülen und trocken tupfen. Ggf. sehr dicke Stiele abschneiden und große Pilze evtl. halbieren.

5. 1 Esslöffel Öl in einer Pfanne erhitzen, die Erbsen darin unter Wenden etwa ½ Minuten knackig andünsten. Mit den Möhrenstreifen unter die Nudeln mischen.

6. Frühlingszwiebeln putzen, abspülen, abtropfen lassen und in feine Ringe schneiden. Restliches Öl ins Bratfett in der Pfanne geben und erhitzen. Pilze darin bei starker Hitze unter Wenden 1–2 Minuten braten. Frühlingszwiebelringe kurz mitbraten, mit Salz und Pfeffer würzen. Ebenfalls unter die Nudeln mischen. Evtl. noch etwas heiße Brühe unter den Salat rühren. Salat mit Sojasauce und Pfeffer abschmecken. Mit den Noriflocken anrichten.

TIPP:

Sie lieben es angenehm feinwürzig-scharf und leicht exotisch? Dann streuen Sie vor dem Servieren 1–2 Handvoll frische Daikon-Kresse über den Salat.

SPAGHETTI AGLIO OLIO

● Zubereitungszeit: 15 Minuten
+ Vegetarisch

ZUTATEN FÜR 4 PORTIONEN

Salz
500 g Spaghetti
3 Knoblauchzehen
1 kleines Bund Petersilie
60 ml Olivenöl
gem. Pfeffer
125 g ger. Parmesan

PRO PORTION:

E: 41 g, F: 47 g, Kh: 138 g, kcal: 1141

1. Wasser in einem großen Topf zugedeckt zum Kochen bringen. Dann Salz und Spaghetti zugeben. Die Spaghetti im geöffneten Topf bei mittlerer Hitze nach Packungsanleitung bissfest kochen, dabei gelegentlich umrühren.

2. Anschließend Spaghetti in ein Sieb geben, mit heißem Wasser abspülen und abtropfen lassen.

3. Inzwischen Knoblauch abziehen und in dünne Scheiben schneiden. Petersilie abspülen, trocken tupfen. Blättchen von den Stängeln zupfen, Blättchen klein schneiden.

4. Olivenöl in einer großen Pfanne erhitzen. Die Knoblauchscheiben darin glasig bis hellbraun dünsten. Spaghetti und Petersilie in das heiße Knoblauchöl geben und ordentlich untermischen. Mit Salz und Pfeffer würzen.

5. Spaghetti aglio olio am besten in einer vorgewärmten Schüssel oder in Tellern anrichten. Mit Parmesan bestreuen.

REZEPTVARIANTE

Für **Spaghettipfanne „Bella Italia“** Wasser in einem großen Topf zugedeckt zum Kochen bringen. Dann Salz und 300 g Spaghetti hinzugeben. Spaghetti im geöffneten Topf bei mittlerer Hitze nach Packungsanleitung kochen lassen, dabei gelegentlich umrühren. In der Zwischenzeit 2 Knoblauchzehen abziehen, die Zehen jeweils halbieren. 250 g Cocktailtomaten abspülen, trocken tupfen, halbieren und die Stängelansätze herausschneiden. 75 g Rucola (Rauke) putzen und die dicken Stiele entfernen. Rucola abspülen, trocken tupfen und in mundgerechte Stücke zupfen. Die garen Spaghetti in ein Sieb geben, mit heißem Wasser abspülen und abtropfen lassen. 2 Esslöffel Olivenöl in einer großen Pfanne erhitzen. Die Knoblauchstücke hinzugeben und bei mittlerer Hitze etwa 4 Minuten dünsten. Knoblauchstücke aus der Pfanne nehmen. Spaghetti in das Knoblauchöl geben, unter Rühren wieder erhitzen. Zunächst die Tomatenhälften hinzugeben und mit erhitzen (die Tomaten sollen nicht gegart werden, sondern nur erwärmt, das schont die Vitamine und sorgt für festen Biss). Den Rucola hinzugeben und unterheben. Die Spaghettipfanne mit Salz und frisch geschrotetem Pfeffer abschmecken, sofort servieren. Wenn Sie den nussigen Geschmack von Rucola nicht mögen, ersetzen Sie ihn durch Mini-Romana-Salat. In diesem Fall schmecken Sie das Gericht mit 2 Esslöffeln Balsamico bianco und 1 Prise Zucker ab.

SPAGHETTI CARBONARA

Zubereitungszeit: 25 Minuten

ZUTATEN FÜR 4 PORTIONEN

Salz
400 g Spaghetti
75 g ger. Parmesan
200 g Schlagsahne
4 Eier (Größe M)
Salz
gem. bunter Pfeffer
75 g Frühstücksspeck, in feinen Scheiben (Bacon)
2 EL glatte Petersilie, in feinen Streifen (frisch oder TK)

PRO PORTION:

E: 29 g, F: 33 g, Kh: 73 g, kcal: 713

1. Wasser in einem großen Topf zugedeckt zum Kochen bringen. Dann Salz und Nudeln zugeben. Spaghetti im geöffneten Topf nach Packungsanleitung bissfest kochen, dabei gelegentlich durchrühren.

2. In der Zwischenzeit Parmesan, Sahne und Eier verschlagen, mit etwas Salz und Pfeffer würzen.

3. Speckscheiben in grobe Streifen schneiden, in einer großen beschichteten Pfanne knusprig ausbraten, herausnehmen und auf Küchenpapier abtropfen lassen.

4. Die garen Nudeln in ein Sieb geben, mit heißen Wasser abspülen und abtropfen lassen. Spaghetti zum Speckfett in die Pfanne geben. Die Eier-Sahne hinzugießen, unter ständigem Rühren bei schwacher Hitze erwärmen, bis die Saue leicht bindet (nicht kochen lassen, sonst stockt das Ei!).

5. Die Speckstreifen hinzugeben und kurz untermischen. Spaghetti Carbonara auf Tellern anrichten und mit Petersilie bestreut servieren.

SPAGHETTI CARBONARA MIT RÄUCHERTOFU

Zubereitungszeit: 30 Minuten
+ Vegan

ZUTATEN FÜR 2 PORTIONEN:

200 g Spaghetti ohne Ei

FÜR DIE SAUCE:

175 g Räuchertofu (aus dem Kühlregal)
½ Bund glatte Petersilie
1 rote Zwiebel
1 ½ EL Olivenöl
250 ml Sojacreme zum Kochen
Salz, gem. Pfeffer

PRO PORTION:

E: 23 g, F: 34 g, Kh: 75 g, kcal: 714

1. Wasser in einem großen Topf zugedeckt zum Kochen bringen. Dann Salz und Spaghetti zugeben. Die Nudeln im geöffneten Topf bei mittlerer Hitze nach Packungsanleitung bissfest kochen, dabei gelegentlich umrühren.

2. Anschließend die Nudeln in ein Sieb geben, mit heißem Wasser abspülen und abtropfen lassen.

3. In der Zwischenzeit für die Sauce den Tofu in kleine Würfel schneiden. Petersilie abspülen und trocken tupfen. Die Blättchen von den Stängeln zupfen, Blättchen fein schneiden. Zwiebel abziehen und in kleine Würfel schneiden. Alles beiseitestellen.

4. Olivenöl in der Pfanne erhitzen. Zuerst die Tofuwürfel darin bei starker Hitze unter gelegentlichem Rühren in etwa 5 Minuten braun anbraten. Zwiebelwürfel hinzugeben, etwa 2 Minuten bei mittlerer Hitze unter gelegentlichem Rühren mitdünsten.

5. Sojacreme zugießen, alles zum Kochen bringen und ohne Deckel bei mittlerer Hitze etwa 3 Minuten einkochen lassen. Klein geschnittene Petersilie, bis auf 1 Teelöffel zum Garnieren, unterrühren und die „Carbonara“-Sauce mit Salz und Pfeffer abschmecken.

6. Spaghetti in die Pfanne geben und mit der „Carbonara“-Sauce gut vermischen.

7. Spaghetti „Carbonara“ auf Tellern anrichten und mit restlicher Petersilie bestreut servieren.

REZEPTVARIANTEN:

Die Sojasahne (Sojacreme) kann auch durch andere Pflanzencreme, etwa Hafercreme, ersetzt werden. Und wer mag, sorgt mit gehackten Cashewkernen für feinen Biss.

SPAGHETTIGRATIN MIT HÄHNCHENFILET

Zubereitungszeit: 45 Minuten
Garzeit: etwa 35 Minuten

ZUTATEN FÜR 8–10 PORTIONEN

Salz
500 g Spaghetti
500 g Zuckerschoten
600 g junge Möhren
etwa 100 g Butterschmalz
1 kg Hähnchenbrustfilet
gem. Pfeffer
2 Bund Frühlingszwiebeln

FÜR DEN GUSS:

1 Bund gemischte Kräuter, z. B. Petersilie, Dill, Estragon, Kerbel, Schnittlauch
5 Eier (Größe M)
250 g Schlagsahne
200 ml Gemüsebrühe
ger. Muskatnuss

ZUSÄTZLICH:

150 g ger. Parmesan
40 g Butter

PRO PORTION:

E: 46 g, F: 34 g, Kh: 53 g, kcal: 725

1. Wasser in einem großen Topf zugedeckt zum Kochen bringen. Dann Salz und Spaghetti zugeben. Die Spaghetti im geöffneten Topf bei mittlerer Hitze nach Packungsanleitung bissfest kochen, dabei gelegentlich umrühren. Anschließend die Spaghetti in ein Sieb geben, mit heißem Wasser abspülen und abtropfen lassen.

2. Inzwischen Zuckerschoten putzen und die Enden abschneiden, evtl. abfädeln. Zuckerschoten abspülen und abtropfen lassen. Möhren putzen, schälen, abspülen, abtropfen lassen und in Scheiben schneiden. Zuckerschoten in kochendem Salzwasser etwa 5 Minuten blanchieren, in einem Sieb mit kaltem Wasser abschrecken und abtropfen lassen.

3. Den Backofen vorheizen.
Ober-/Unterhitze: etwa 200 °C
Heißluft: etwa 180 °C

4. Die Hälfte des Butterschmalzes in einer Pfanne erhitzen. Die Möhrenscheiben darin etwa 4 Minuten unter mehrmaligem Wenden dünsten, dann wieder herausnehmen.

5. Hähnchenbrustfilet mit Küchenpapier abtupfen und in Streifen schneiden. Restliches Butterschmalz in der Pfanne erhitzen. Die Fleischstreifen darin portionsweise von allen Seiten anbraten, mit Salz und Pfeffer würzen.

6. Frühlingszwiebeln putzen, abspülen, abtropfen lassen und in feine Scheiben schneiden. Die vorbereiteten Gemüsezutaten mit den Fleischstreifen und Spaghetti mischen, dann in eine große, flache Auflaufform (gefettet) geben.

7. Für den Guss Kräuter abspülen und trocken tupfen. Die Blättchen bzw. Spitzen von den Stängeln zupfen. Blättchen bzw. Spitzen klein schneiden.

8. Eier mit Sahne und Brühe verschlagen, mit Salz, Pfeffer und Muskat würzen. Die Kräuter unterrühren. Die Eier-Kräuter-Sauce auf dem Gratin verteilen und mit Parmesan bestreuen. Die Butter in Flöckchen daraufsetzen. Die Form auf dem Rost in den vorgeheizten Backofen schieben. Das Spaghettigratin **etwa 35 Minuten garen.**

SPAGHETTI MIT GARNELEN

● Zubereitungszeit: 25 Minuten
▲ Mit Alkohol

ZUTATEN FÜR 4 PORTIONEN

Salz
400 g Spaghetti
4 Knoblauchzehen
1 Frühlingszwiebel
400 g frische Garnelen
(mit Schwanz, ohne Schale)
3 Stängel glatte Petersilie
frischer Majoran
frischer Thymian
4 EL Olivenöl
gem. Pfeffer
100 ml Weißwein

PRO PORTION:

E: 32 g, F: 13 g, Kh: 73 g, kcal: 558

1. Wasser in einem großen Topf zugedeckt zum Kochen bringen. Dann Salz und Spaghetti zugeben. Die Spaghetti im geöffneten Topf bei mittlerer Hitze nach Packungsanleitung bissfest kochen, dabei gelegentlich umrühren.

2. Anschließend die Spaghetti in ein Sieb geben, mit heißem Wasser abspülen, abtropfen lassen und warm stellen.

3. Knoblauch abziehen und klein würfeln. Frühlingszwiebel putzen, abspülen, abtropfen lassen und in Ringe schneiden.

4. Garnelen mit Küchenpapier abtupfen, längs aufschlitzen und den Darm entfernen.

5. Kräuter abspülen und trocken tupfen. Die Blättchen von den Stängeln zupfen (einige Blättchen zum Bestreuen beiseitelegen) und dann die Blättchen klein schneiden.

6. Olivenöl in einer Pfanne erhitzen, Garnelen darin von beiden Seiten etwa 2 Minuten braten, mit Salz und Pfeffer bestreuen. Knoblauchwürfel, Zwiebelringe und Kräuter hinzufügen, kurz durchdünsten lassen. Den Wein hinzugießen und erhitzen.

7. Spaghetti mit der Kräutersauce und den Garnelen anrichten, mit den beiseitegelegten Kräuterblättchen bestreuen.

SPAGHETTI MIT SCHWEINE-FILET IM SPECKMANTEL

Zubereitungszeit: 45 Minuten
Garzeit: etwa 15 Minuten

ZUTATEN FÜR 4 PORTIONEN

FÜR DIE MEDAILLONS:

12 Schweinemedaillons (je etwa 60 g)
6-8 Stängel Majoran
120 g Doppelrahm-Frischkäse
Salz
gem. Pfeffer
12 Scheiben magerer Schinkenspeck (etwa 120 g)
2 EL Speiseöl, z. B. Rapsöl

FÜR DIE NUDELN:

500 g bunte Spaghetti (rot, grün, gelb)
Knoblauchpulver
2 EL Olivenöl

PRO PORTION:

E: 63 g, F: 25 g, Kh: 86 g, kcal: 830

1. Medaillons mit Küchenpapier abtupfen. In jedes Medaillon von der Seite her eine kleine Tasche einschneiden.

2. Den Backofen vorheizen.
Ober-/Unterhitze: etwa 180 °C
Heißluft: etwa 160 °C

3. Majoran abspülen und trocken tupfen. Die Blättchen von den 3-4 Stängeln zupfen. Blättchen klein schneiden. Die übrigen Stängel beiseitelegen.

4. Frischkäse in einer Schüssel verrühren. Majoranblättchen unterrühren. Mit Salz und Pfeffer würzen. Die Masse in einen Spritzbeutel ohne Lochtülle füllen und jeweils in die Medaillons spritzen.

5. Je 1 Speckscheibe um die Medaillons wickeln und mit je etwas Küchengarn zusammenhalten. Medaillons mit wenig Salz und Pfeffer würzen.

6. Speiseöl in einer Pfanne erhitzen. Medaillons darin von jeder Seite etwa 2 Minuten anbraten, herausnehmen und auf eine vorgewärmte, hitzebeständige Platte legen. Die Platte auf dem Rost in den vorgeheizten Backofen schieben. Die Medaillons **etwa 15 Minuten garen.**

7. In der Zwischenzeit Wasser in einem großen Topf zugedeckt zum Kochen bringen. Dann Salz und Spaghetti zugeben. Die Spaghetti im geöffneten Topf bei mittlerer Hitze nach Packungsanleitung bissfest kochen, dabei gelegentlich umrühren. Anschließend die Nudeln in ein Sieb geben, mit heißem Wasser abspülen und abtropfen lassen.

8. Spaghetti mit Salz, Pfeffer und Knoblauch würzen. Mit Olivenöl beträufeln.

9. Medaillons mit den Spaghetti auf einem runden Teller anrichten. Mit den beiseitegelegten Majoranzweigen garniert servieren.

SPAGHETTI-PIZZA

Zubereitungszeit: 45 Minuten
Garzeit: etwa 15–20 Minuten

ZUTATEN FÜR 6 PORTIONEN

300 g Spaghetti
Salz

FÜR DIE SAUCE:

1 rote Paprikaschote
40 g Butter
15 g Weizenmehl
250 g Schlagsahne
250 ml Milch
1 Ecke Schmelzkäse (62,5 g)
2 Eier (Größe M)
200 g gekochter Schinken
gem. Pfeffer
Paprikapulver edelsüß

FÜR DEN BELAG:

5 mittelgroße Tomaten
gerebelter Oregano
80 g geraspelter Gratin-Käse
einige Basilikumblättchen

ZUSÄTZLICH:

Gratin- oder Pieform (Ø 30 cm)

PRO PORTION:

E: 25 g, F: 37 g, Kh: 42 g, kcal: 627

1. Spaghetti einmal durchbrechen. Wasser in einem großen Topf zugedeckt zum Kochen bringen. Dann Salz und Spaghetti zugeben. Die Spaghetti im geöffneten Topf bei mittlerer Hitze nach Packungsanleitung bissfest kochen, dabei gelegentlich umrühren.

2. Anschließend die Spaghetti in ein Sieb geben, mit heißem Wasser abspülen und abtropfen lassen.

3. Für die Sauce Paprikaschote halbieren, entstielen, entkernen und die weißen Scheidewände entfernen. Schote abspülen, abtropfen lassen und in Streifen schneiden.

4. Den Backofen vorheizen.
Ober-/Unterhitze: etwa 200 °C
Heißluft: etwa 180 °C

5. Butter in einem Topf zerlassen. Mehl unter Rühren so lange darin erhitzen, bis es hellgelb ist. Nach und nach Sahne und Milch hinzugießen, mit einem Schneebesen gut durchschlagen. Dabei darauf achten, dass keine Klümpchen entstehen. Die Sauce unter Rühren zum Kochen bringen. Paprikastreifen hinzufügen, wieder zum Kochen bringen und bei schwacher Hitze etwa 5 Minuten kochen lassen, dabei gelegentlich umrühren. Schmelzkäse unterrühren. Spaghetti unterheben und Eier unterrühren.

6. Schinken in Streifen schneiden und ebenfalls unterheben. Mit Salz, Pfeffer und Paprika abschmecken.

7. Die Spaghettimasse in eine Gratin- oder Pieform (Ø 30 cm, gefettet) geben.

8. Tomaten abspülen, abtrocknen, halbieren und die Stängelansätze herausschneiden. Tomatenhälften in Scheiben schneiden und auf der Spaghettimasse verteilen. Mit Salz, Pfeffer und Oregano würzen. Mit Käse bestreuen.

9. Form auf dem Rost in den vorgeheizten Backofen schieben. Die Spaghetti-Pizza **15–20 Minuten garen.**

10. Basilikumblättchen abspülen und trocken tupfen. Die Spaghetti-Pizza mit Basilikumblättchen garniert sofort servieren.

SPAGHETTISALAT MIT JOGHURT-PESTO

Zubereitungszeit: 20 Minuten, ohne Abkühl- oder Durchziehzeit
+ Vegetarisch

ZUTATEN FÜR 4 PORTIONEN

100 g Zuckerschoten oder TK-Erbsen
Salz
250 g Hartweizen-Spaghetti oder helle Vollkorn-Spaghetti
1 EL Olivenöl
250 g Cocktailtomaten
4 Frühlingszwiebeln (ersatzweise 1 Bund frischer oder 25 g TK-Schnittlauch)

FÜR DAS JOGHURT-PESTO:

150 g Joghurt (3,5 % Fett)
50 ml Gemüsebrühe
2 EL Kräuter-Pesto (aus dem Glas)
Salz
gem. Pfeffer

ZUSÄTZLICH:

2 hart gekochte Eier (Größe M)
3–4 EL frisch gehobelter Parmesan
einige Basilikumblättchen

PRO PORTION:

E: 19 g, F: 17 g, Kh: 52 g, kcal: 450

1. Von den Zuckerschoten die Enden abschneiden, evtl. abfädeln. Schoten abspülen, abtropfen lassen und halbieren.

2. Wasser in einem großen Topf zugedeckt zum Kochen bringen. Dann Salz und Nudeln zugeben. Die Nudeln im geöffneten Topf bei mittlerer Hitze nach Packungsanleitung bissfest kochen, dabei gelegentlich umrühren.

3. Zuckerschotenhälften oder die gefrorenen Erbsen etwa 2 Minuten vor Ende der Garzeit zu den Spaghetti in den Topf geben und mitgaren lassen.

4. Anschließend die Spaghetti mit den Zuckerschotenhälften oder Erbsen in ein Sieb geben, mit kaltem Wasser abspülen, abtropfen lassen und mit Olivenöl beträufeln. Die Spaghetti mit einer Gabel auflockern, damit sie nicht verkleben. Spaghetti mit den Zuckerschotenhälften oder Erbsen erkalten lassen.

5. Tomaten abspülen, abtrocknen und halbieren. Frühlingszwiebeln putzen, abspülen, abtropfen lassen und in feine Scheiben schneiden.

6. Spaghetti mit den Zuckerschotenhälften oder Erbsen in eine große Schüssel geben. Tomatenhälften und Frühlingszwiebelscheiben hinzugeben und vorsichtig untermischen.

7. Für das Joghurt-Pesto Joghurt mit Brühe und Pesto verrühren, mit Salz und Pfeffer kräftig würzen. Die Marinade mit den Salatzutaten gut vermischen. Den Spaghettisalat zugedeckt etwa 20 Minuten durchziehen lassen.

8. Eier pellen und halbieren. Den Spaghettisalat nochmals mit Salz und Pfeffer abschmecken. Evtl. noch etwas Brühe unterrühren. Den Spaghettisalat mit Parmesan, Eierhälften und abgespülten, trocken getupften Basilikumblättchen anrichten.

SPÄTZLE MIT SCHWEINEFILET UND CHINAKOHL

◔ Zubereitungszeit: 20 Minuten, ohne Marinierzeit
Garzeit: etwa 30 Minuten
▲ Mit Alkohol

ZUTATEN FÜR 4 PORTIONEN

500 g Schweinefilet

FÜR DIE MARINADE:

3 EL Sojasauce
2 EL Sherry
etwas gem. Ingwer
etwas gem. Koriander

Salz
250 g Spätzle
1 kg Chinakohl
500 ml Rinderbrühe

FÜR DIE SAUCE:

375 ml Rinderbrühe (vom Chinakohl)
200 g Schlagsahne
1 Pck. Zwiebelsuppe, Feinschmecker-Art

3 EL Speiseöl, z. B. Sonnenblumenöl

PRO PORTION:

E: 39 g, F: 34 g, Kh: 17 g, kcal: 551

1. Schweinefilet mit Küchenpapier abtupfen, Fett und Haut entfernen. Filet in etwa ½ cm dicke Scheiben schneiden. Für die Marinade Sojasauce, Sherry, Ingwer und Koriander gut verrühren. Die Fleischscheiben damit bestreichen und zum Marinieren etwa 2 Stunden zugedeckt in den Kühlschrank stellen.

2. Wasser in einem großen Topf zugedeckt zum Kochen bringen. Dann Salz und Spätzle zugeben. Die Spätzle im geöffneten Topf bei mittlerer Hitze nach Packungsanleitung knapp bissfest kochen, dabei gelegentlich umrühren. Anschließend die Spätzle in ein Sieb geben, mit heißem Wasser abspülen und abtropfen lassen.

3. Chinakohl putzen, den Kohl vierteln, den Strunk herausschneiden. Kohl abspülen, abtropfen lassen und in feine Streifen schneiden. Die Brühe in einem Topf zum Kochen bringen. Die Kohlstreifen hineingeben und etwa 5 Minuten darin garen, dann in einem Sieb abtropfen lassen. Dabei die Brühe auffangen und für die Sauce 375 ml davon abmessen.

4. Den Backofen vorheizen.
Ober-/Unterhitze: etwa 200 °C
Heißluft: etwa 180 °C

5. Für die Sauce die aufgefangene Brühe und Sahne in einem Topf zum Kochen bringen. Zwiebelsuppenpulver hinzugeben und unter Rühren aufkochen lassen. Kohlstreifen unterheben.

6. Öl in einer Pfanne erhitzen. Fleisch aus der Marinade nehmen und in der Pfanne kurz von beiden Seiten anbraten.

7. Spätzle und Fleischscheiben in eine große, flache Auflaufform (gefettet) geben. Die Kohlstreifen mit der Sauce darauf verteilen. Die Form auf dem Rost in den vorgeheizten Backofen schieben und das Ganze **etwa 30 Minuten garen.**

SPÄTZLE-SPITZKOHL-FLEISCHWURST-PFANNE

Zubereitungszeit: 30 Minuten

ZUTATEN FÜR 4 PORTIONEN

1 Knoblauchzehe
1 große Zwiebel (etwa 100 g)
1 kleiner Spitzkohl (etwa 700 g)
400 g Fleischwurst
3 EL Olivenöl
125 ml Fleischbrühe
100 g Schlagsahne
Salz
gem. Pfeffer
evtl. Kümmelsamen
500 g frische Spätzle (aus dem Kühlregal)

PRO PORTION:

E: 25 g, F: 44 g, Kh: 40 g, kcal: 650

1. Knoblauch und Zwiebel abziehen, in kleine Würfel schneiden. Vom Spitzkohl die äußeren schlechten Blätter entfernen. Kohl vierteln und den Strunk herausschneiden. Kohlviertel kurz abspülen, abtropfen lassen und in Streifen schneiden. Die Fleischwurst enthäuten und in grobe Streifen schneiden.

2. Olivenöl in einer großen Pfanne erhitzen. Knoblauch- und Zwiebelwürfel darin andünsten. Die Kohlstreifen hinzufügen und unter gelegentlichem Rühren mitdünsten.

3. Brühe und Sahne hinzugießen, zum Kochen bringen und zugedeckt etwa 5 Minuten garen. Der Kohl sollte noch bissfest sein. Mit Salz, Pfeffer und evtl. Kümmel abschmecken.

4. Spätzle und Fleischwurstscheiben unterheben, etwa 5 Minuten miterhitzen. Die Spitzkohl-Fleischwurst-Pfanne evtl. nochmals mit den Gewürzen abschmecken.

REZEPTABWANDLUNG:

Sehr gut schmeckt die Spitzkohl-Pfanne auch mit in Streifen geschnittenem Leberkäse statt mit Fleischwurst.

SPIRELLI MIT PUTEN-SCHNITZELCHEN

Zubereitungszeit: 20 Minuten

ZUTATEN FÜR 4 PORTIONEN

FÜR SCHNITZEL UND SAUCE:

400 g Putenschnitzel
Salz, gem. Pfeffer
2–3 TL Gyros-Gewürz
3 geh. EL Weizenmehl
240 g abgetropfte Aprikosenhälften (aus der Dose)
3 EL Speiseöl, z. B. Rapsöl
3 EL TK-Zwiebelwürfel
150 g Schlagsahne
250 ml heiße Gemüsebrühe
150 g TK-Erbsen

350–400 g Spirelli

PRO PORTION:

E: 41 g, F: 22 g, Kh: 88 g, kcal: 724

1. Die Putenschnitzel mit Küchenpapier abtupfen und in 8 gleich große Stücke (je etwa 50 g) schneiden. Mit Salz, Pfeffer und Gyros-Gewürz würzen. Die Fleischstücke (Schnitzelchen) in Mehl wenden, überschüssiges Mehl abklopfen. Aprikosenhälften in Spalten schneiden.

2. Wasser in einem großen Topf zugedeckt zum Kochen bringen. Dann Salz und Nudeln zugeben. Die Nudeln im geöffneten Topf bei mittlerer Hitze nach Packungsanleitung bissfest kochen, dabei gelegentlich umrühren.

3. In der Zwischenzeit Speiseöl in einer Pfanne erhitzen. Die Schnitzelchen darin von beiden Seiten etwa 4 Minuten kross anbraten. Zwiebelwürfel hinzugeben und glasig dünsten.

4. Die Schnitzelchen aus der Pfanne nehmen und kurz warm stellen. Den Bratensatz mit Sahne und Brühe ablöschen und kräftig aufkochen.

5. Die gefrorenen Erbsen in die Sauce geben, mit Salz und Pfeffer würzen. Die Sauce etwa 2 Minuten kochen lassen.

6. Aprikosenspalten in die Sauce geben, wieder zum Kochen bringen und nochmals etwa 1 Minute kochen lassen. Schnitzelchen in die Sauce legen und kurz erhitzen.

7. Die garen Nudeln in ein Sieb geben, mit heißem Wasser abspülen und abtropfen lassen. Die Nudeln mit der Sauce und den Schnitzelchen auf Tellern anrichten.

SÜSSKARTOFFEL-MANGOLD-PASTA MIT TALEGGIO-SAUCE

◷ Zubereitungszeit: 60 Minuten, ohne Abkühlzeit
Kühlzeit: etwa 60 Minuten
+ Vegetarisch

ZUTATEN FÜR 4 PERSONEN

FÜR DEN NUDELTEIG:

1 mittelgroße Süßkartoffel (etwa 250 g)
Salz
200 g Hartweizenmehl, z. B. Semola
150 g feiner Hartweizengrieß
2 TL Olivenöl
2 Eigelb (Größe M)

FÜR DEN MANGOLD:

2 Schalotten
1 Knoblauchzehe
750 g Mangold
1 EL Butter, gem. Pfeffer
ger. Muskatnuss

FÜR DIE TALEGGIO-SAUCE:

200 ml Milch (3,5 % Fett)
50 g Schlagsahne
200 g Taleggio (ital. Weichkäse)
½ TL getrockneter Salbei
2 EL Olivenöl
4 EL geröstete Pinienkerne

ZUSÄTZLICH:

Küchenmaschine (Knethaken)
Nudelmaschine

PRO PORTION:

E: 31 g, F: 39 g, Kh: 78 g, kcal: 809

1. Für den Teig Süßkartoffel unter fließendem Wasser abbürsten, knapp mit Wasser bedeckt zugedeckt zum Kochen bringen. ½ Teelöffel Salz zugeben. Süßkartoffel zugedeckt in 15–20 Minuten weich garen. Dann abgießen, mit kaltem Wasser abschrecken, abtropfen lassen, noch warm pellen, durch eine Kartoffelpresse drücken und erkalten lassen.

2. 125 g Süßkartoffel-Püree mit Mehl, Grieß, 1 Prise Salz, Öl und Eigelb in eine Küchenmaschine geben. Unter Kneten nach und nach etwa 75 ml Wasser zugießen. Die Zutaten in etwa 5 Minuten (Stufe 2) zu einem festen, glatten und geschmeidigen Teig verkneten, zu einer Kugel formen, in Grieß rollen und in Frischhaltefolie gewickelt mindestens 60 Minuten in den Kühlschrank legen.

3. Den Teig portionsweise durch eine Nudelmaschine (Teigwalze) drehen, dabei nach und nach die Walzeneinstellung feiner stellen. Dabei die Teigbahnen immer wieder mit etwas Grieß bestreuen. Dann mit der entsprechenden Schneidewalze zu breiten Bandnudeln verarbeiten. Diese auf einem mit Grieß bestreuten Küchenhandtuch ausbreiten und leicht antrocknen lassen.

4. Inzwischen für den Mangold Schalotten und Knoblauch abziehen und fein würfeln. Mangold putzen, gründlich waschen und abtropfen lassen. Die Stiele von den Blättern schneiden. Stiele in feine Stücke, Blätter in feine Streifen schneiden.

5. Butter in der Pfanne zerlassen. Schalotten- und Knoblauch darin anbraten. Mangoldstiele zugeben und unter Wenden etwa 5 Minuten braten. Die Mangoldblätter zugeben, unter Wenden mit anbraten, mit Salz, Pfeffer und Muskat würzen.

6. Für die Taleggio-Sauce Milch und Sahne in einem Topf erhitzen. Taleggio entrinden, dann fein würfeln und darin unter Rühren schmelzen. Die Sauce mit Pfeffer, etwas Salbei und Salz abschmecken.

7. Wasser in einem großen Topf zugedeckt zum Kochen bringen. Dann Salz und Nudeln zugeben. Die Nudeln im geöffneten Topf, evtl. portionsweise, bei mittlerer Hitze jeweils kurz gar ziehen lassen, bis sie an die Oberfläche schwimmen.

Anschließend mit einem Schaumlöffel herausnehmen und gut abtropfen lassen. Olivenöl unterschwenken. Die Nudeln mit Mangold und Pinienkernen anrichten. Die Sauce dazureichen.

TIPP:

Sie können die Nudeln auch mit Weizenmehl Type 405 zubereiten.

SÜSSKARTOFFEL-PAPRIKA-LASAGNE

Zubereitungszeit: 20 Minuten
Garzeit: etwa 65–70 Minuten
+ Vegetarisch

ZUTATEN FÜR 4 PORTIONEN

FÜR DIE LASAGNE:

700 g rote Paprikaschoten
2 Zwiebeln
2 Knoblauchzehen
2 EL Olivenöl
½ Bund Majoran
Salz
gem. Pfeffer
1 kg Süßkartoffeln
4 Eier (Größe M)
200 ml Milch (1,5 % Fett)
400 g Joghurt (0,1 % Fett)
1 TL Instant-Gemüsebrühe
1 ½ EL Sonnenblumenkerne

FÜR DIE MOJO VERDE (GRÜNE KRÄUTER-SAUCE):

1 Bund gemischte Sommerkäuter, z. B. Basilikum, Dill, glatte Petersilie, Schnittlauch
1 Knoblauchzehe
3 EL Instant-Gemüsebrühe
200 g Joghurt (0,1 % Fett)

PRO PORTION:

E: 22 g, F: 16 g, KH: 68 g, kcal: 525

1. Für die Lasagne Paprikaschoten halbieren, entstielen, entkernen, weiße Scheidewände entfernen. Schoten abspülen, abtropfen lassen und in 2 cm große Stücke schneiden. Zwiebeln und Knoblauch abziehen, fein würfeln.

2. Olivenöl in einer Pfanne erhitzen. Zwiebeln und Knoblauch darin anbraten. Paprika zugeben, anbraten, dann zugedeckt etwa 1 Minute dünsten. Majoran abspülen, trocken tupfen. Die Blättchen von den Stängeln zupfen und fein hacken. Paprika mit Salz, Pfeffer und Majoran würzen.

3. Kartoffeln schälen und längs in feine Scheiben schneiden oder hobeln. Die Auflaufform (ganz leicht gefettet) mit etwa der Hälfte der Kartoffeln auslegen. Paprikastücke darauf verteilen. Restliche Kartoffelscheiben dachziegelartig einschichten und leicht andrücken.

4. Den Backofen vorheizen.
Ober-/Unterhitze: etwa 180 °C
Heißluft: etwa 160 °C

5. Eier mit Milch, Joghurt, Salz, Pfeffer und Instant-Gemüsebrühe glatt rühren, dann über die Lasagne gießen und mit Sonnenblumenkernen bestreuen. Die Form mit Alufolie abdecken und auf dem Rost in den vorgeheizten Backofen schieben. Die Lasagne **etwa 45 Minuten garen.**

6. Für die Mojo verde Kräuter abspülen, trocken tupfen und die Blättchen bzw. Spitzen von den Stängeln zupfen. Schnittlauch etwas kleiner schneiden. Knoblauch abziehen, grob würfeln. Kräuter, Knoblauch und Instant-Gemüsebrühe mit dem Pürierstab fein pürieren. Den Joghurt unterrühren. Die Mojo mit Salz und Pfeffer abschmecken.

7. Nach 45 Minuten Garzeit die Alufolie von der Form entfernen. Die Lasagne offen in **weiteren 20–25 Minuten fertig garen.**

8. Die Lasagne etwa 10 Minuten ruhen lassen und erst dann in Stücke schneiden. Lasagne mit der Mojo verde anrichten und servieren.

TAGLIATELLE MIT GRÜNEM SPARGEL

🕒 Zubereitungszeit: 25 Minuten
+ Vegetarisch

ZUTATEN FÜR 4–6 PORTIONEN

700 g grüner Spargel
Salz
500 g Tagliatelle
1 Zwiebel
2 Knoblauchzehen
5 EL Olivenöl
60 g abgetropfte getrocknete Tomaten in Öl
30 g Pinienkerne
1 Bund Basilikum
Salz
gem. Pfeffer
80 g ger. Parmesan

PRO PORTION:

E: 22 g, F: 22 g, Kh: 75 g, kcal: 583

1. Von dem Spargel das untere Drittel schälen und die Enden abschneiden. Spargel abspülen, abtropfen lassen und in etwa 3 cm lange Stücke schneiden.

2. Wasser in einem großen Topf zugedeckt zum Kochen bringen. Salz und Nudeln zugeben. Nudeln im geöffneten Topf bei mittlerer Hitze nach Packungsanleitung bissfest kochen, dabei gelegentlich umrühren.

3. In der Zwischenzeit Zwiebel und Knoblauch abziehen, in kleine Würfel schneiden.

4. Olivenöl in einer großen Pfanne erhitzen. Knoblauch- und Zwiebelwürfel darin glasig dünsten. Spargelstücke hinzugeben und unter Rühren etwa 3 Minuten mit anbraten.

5. Tomaten in Streifen schneiden. Zusammen mit den Pinienkernen unter die Spargelstücke rühren. Basilikum abspülen und trocken tupfen. Die Blättchen von den Stängeln zupfen. Blättchen klein schneiden und vorsichtig unter das Spargel-Tomaten-Gemüse rühren, mit Salz und Pfeffer würzen.

6. Die garen Tagliatelle in ein Sieb geben, mit heißem Wasser abspülen und abtropfen lassen.

7. Die Nudeln auf Tellern anrichten. Das Spargel-Tomaten-Gemüse darauf verteilen und mit Parmesan bestreut servieren.

TOMATEN-APRIKOSEN-SUGO MIT BASILIKUM

Zubereitungszeit: 25 Minuten
+ Vegan

ZUTATEN FÜR 4 PORTIONEN

500 g reife aromatische Tomaten
400 g frische Aprikosen oder 250 g abgetropfte Aprikosenhälften (natursüß, aus der Dose)
2 Schalotten
3 EL Olivenöl
1 EL Rohrohrzucker
3–4 EL Zitronensaft
Salz
gem. Pfeffer

evtl. 3–4 EL Mandel- oder Olivenöl zum Aromatisieren

PRO PORTION:

E: 2 g, F: 8 g, Kh: 14 g, kcal: 144

1. Tomaten kreuzweise einschneiden und mit kochendem Wasser übergießen. Nach 1–2 Minuten herausnehmen und mit kaltem Wasser abschrecken. Tomaten häuten, halbieren und die Stängelansätze herausschneiden. Tomaten entkernen und in feine Würfel schneiden.

2. Frische Aprikosen kurz mit kochendem Wasser überbrühen, mit kaltem Wasser abschrecken und abtropfen lassen. Von den Aprikosen die Haut abziehen. Aprikosen halbieren und entkernen. Aprikosen fein würfeln. Schalotten abziehen und ebenfalls in feine Würfel schneiden.

3. Das Olivenöl in einer Pfanne erhitzen. Die Schalottenwürfel darin glasig und weich dünsten. Anschließend mit Zucker bestreuen, leicht goldbraun karamellisieren lassen und mit Zitronensaft aromatisieren.

4. Aprikosenwürfel hinzugeben, mit Salz und Pfeffer würzen. Die Zutaten unter Rühren 2–3 Minuten dünsten. Dann die Tomatenwürfel hinzugeben und alles weitere 4–6 Minuten unter Rühren zu einem leicht stückigen Sugo einkochen.

5. Nach Belieben Mandel- oder Olivenöl unter das Sugo rühren, nochmals mit Salz, Pfeffer und evtl. noch etwas Zucker und Zitronensaft abschmecken.

TIPP:

Das farbenfrohe Sugo wird zusammen mit grünen Bandnudeln zu einem besonderen optischen Highlight. Zusätzlich 1 Bund oder ½ Töpfchen Basilikum abspülen, trocken tupfen und die Blättchen von den Stängeln zupfen. Blättchen in feine Streifen schneiden und zuletzt unter das fertige Sugo rühren, oder das fertige Pastagericht einfach mit abgespülten, trocken getupften Basilikumblättchen garnieren.

TORTELLINI-AUFLAUF MIT PESTO

Zubereitungszeit: 15 Minuten, ohne Auftauzeit
Garzeit: etwa 30 Minuten

ZUTATEN FÜR 4 PORTIONEN

200 g TK-Erbsen
2 Tomaten (etwa 100 g)
3 Scheiben Frühstücksspeck (Bacon, etwa 30 g)
4 EL Olivenöl
500 g Tortellini
(aus dem Kühlregal, je nach Belieben mit Käse-, Spinat- oder Fleischfüllung)

FÜR DIE PESTO-SAHNE:

100 ml Milch (3,5 % Fett)
200 g Schlagsahne
4 EL rotes Pesto (aus dem Glas)
Salz
gem. Pfeffer

ZUM BESTREUEN:

50 g ger. Parmesan

PRO PORTION:

E: 23 g, F: 48 g, Kh: 59 g, kcal: 765

1. Die TK-Erbsen auf einen großen Teller geben und auftauen lassen.

2. In der Zwischenzeit die Tomaten abspülen, abtrocknen, halbieren und die Stängelansätze herausschneiden. Tomaten entkernen und in Würfel schneiden.

3. Frühstücksspeck in grobe Stücke schneiden. Eine Pfanne ohne Fett erwärmen und die Speckstücke darin knusprig braten, dann die Speckstücke wieder herausnehmen und auf Küchenpapier legen.

4. Das Olivenöl in der Pfanne erhitzen. Die Erbsen darin kurz andünsten. Tomatenwürfel hinzugeben und kurz mitdünsten.

5. Die Tortellini nach Packungsanleitung zubereiten, dann in ein Sieb geben, kurz mit kaltem Wasser abspülen, abtropfen lassen und in eine Auflaufform (gefettet) geben. Angedünstete Erbsen-Tomaten-Mischung und etwa die Hälfte der Speckstücke hinzugeben und unterrühren.

6. Den Backofen vorheizen.
Ober-/Unterhitze: etwa 200 °C
Heißluft: etwa 180 °C

7. Für die Pesto-Sahne Milch mit Sahne und 2 Esslöffeln Pesto verrühren, mit Salz und Pfeffer würzen. Pesto-Sahne auf die Tortellini-Mischung gießen. Restliches Pesto in Klecksen darauf verteilen. Den Auflauf mit Parmesan bestreuen.

8. Die Form auf dem Rost (unteres Drittel) in den vorgeheizten Backofen schieben. Den Auflauf **etwa 30 Minuten garen.**

9. Zum Servieren den Auflauf mit den restlichen Speckstücken garnieren.

TORTELLINI-EINTOPF MIT GERÖSTETEN BRÖSELN

Zubereitungszeit: 35 Minuten
Garzeit: etwa 30 Minuten
+ Vegetarisch

ZUTATEN FÜR 4 PORTIONEN

2 mittelgroße Zwiebeln
2 Knoblauchzehen
1 Bund Suppengrün (Möhre, Sellerie, Lauch)
1 kleine Zucchini
4 Tomaten
2 EL Olivenöl
1 TL Tomatenmark
Salz
1 l heiße Gemüsebrühe
200 g Zuckerschoten
250 g Tortellini (mit vegetarischer Füllung, aus dem Kühlregal)
1 Bund Petersilie
1 Msp. Cayennepfeffer

FÜR DIE GERÖSTETEN BRÖSEL:

100 g Weißbrotreste oder grobe Semmelbrösel
1 EL Olivenöl

PRO PORTION:

E: 14 g, F: 14 g, Kh: 48 g, kcal: 380

1. Zwiebeln abziehen und fein würfeln. Knoblauch abziehen und durch eine Knoblauchpresse drücken oder sehr fein würfeln. Suppengrün putzen, abspülen, abtropfen lassen und in kleine Stücke schneiden. Zucchini abspülen, trocken tupfen, die Enden abschneiden, der Länge nach halbieren und in dünne Scheiben schneiden.

2. Tomaten kreuzweise einschneiden und mit kochendem Wasser übergießen. Nach 1–2 Minuten herausnehmen und mit kaltem Wasser abschrecken. Tomaten häuten, halbieren und die Stängelansätze herausschneiden. Die Tomaten entkernen und das Fruchtfleisch fein würfeln.

3. Das Öl in einem Topf erhitzen. Tomatenmark, Zwiebeln und Knoblauch darin kurz andünsten. Suppengrün hinzugeben und alles unter Rühren mitdünsten, mit Salz würzen. Die Zucchini, Tomaten und Brühe unterrühren.

4. Die Zutaten zum Kochen bringen und zugedeckt bei mittlerer Hitze etwa 20 Minuten köcheln lassen, dabei gelegentlich umrühren.

5. In der Zwischenzeit die Zuckerschoten putzen, die Enden abschneiden. Zuckerschoten evtl. abfädeln, abspülen und abtropfen lassen.

6. Die Zuckerschoten und Tortellini in den Topf geben. Den Eintopf einmal kurz aufkochen. Zuckerschoten und Tortellini darin bei schwacher Hitze in 5–10 Minuten gar ziehen lassen.

7. In der Zwischenzeit Petersilie abspülen, trocken tupfen und die Blättchen von den Stängeln zupfen. Blättchen sehr fein schneiden.

8. Für die gerösteten Brösel Weißbrotreste sehr grob reiben. Eine Pfanne ohne Fett erwärmen. Die Weißbrot- oder Semmelbrösel hineingeben, mit Öl beträufeln und die Mischung bei mittlerer Hitze unter ständigem Rühren goldbraun rösten. Brösel-Öl-Mischung auf einen Teller geben.

9. Den Tortellini-Eintopf mit Salz und Cayennepfeffer abschmecken, mit Petersilie bestreuen und mit Bröseln servieren.

REZEPTABWANDLUNG:

Statt der Brösel schmeckt auch frisch geriebener Parmesan zu dem Tortellini-Eintopf. Oder Sie geben pro Portion 2–3 Mini-Mozzarella-Kugeln mit in den Suppenteller.

TORTELLINI IN GORGONZOLASAUCE

◷ Zubereitungszeit: 25 Minuten, ohne Abkühlzeit
+ Vegetarisch

ZUTATEN FÜR 4 PORTIONEN

ZUM VORBEREITEN:

50 g Walnusskernhälften

Salz
400 g Tortellini oder 500 frische Tortellini mit Käse- oder Spinatfüllung (aus dem Kühlregal)

FÜR DIE SAUCE:

150 g Schlagsahne
100 ml Milch
200 g Gorgonzola
gem. Pfeffer

2 EL Schnittlauchröllchen (frisch oder TK)
grob geschroteter Chili

PRO PORTION:

E: 26 g, F: 46 g, Kh: 66 g, kcal: 785

1. Wasser in einem großen Topf zugedeckt zum Kochen bringen.

2. In der Zwischenzeit Walnusskernhälften grob hacken und in einer Pfanne ohne Fett unter Rühren rösten, bis sie anfangen zu duften, herausnehmen und auf einem Teller kurz abkühlen lassen.

3. Salz und Tortellini ins kochende Wasser geben. Die Tortellini im geöffneten Topf bei mittlerer Hitze nach Packungsanleitung bissfest kochen, dabei gelegentlich umrühren. Frische Tortellini nach Packungsanleitung erhitzen.

4. Für die Sauce Sahne und Milch in einem Topf erhitzen. Gorgonzola evtl. entrinden, grob zerbröseln und in der Sahne-Milch unter Rühren schmelzen (nicht kochen lassen). Die Sauce mit Pfeffer und evtl. noch etwas Salz abschmecken.

5. Die garen Tortellini in ein Sieb geben, mit heißem Wasser abspülen und abtropfen lassen. Tortellini in die Gorgonzolasauce geben und unter vorsichtigem Rühren nochmals kurz erhitzen.

6. Die Tortellini in Gorgonzolasauce auf Tellern anrichten. Mit Walnusskernen, Schnittlauchröllchen und Chili bestreut servieren.

TORTELLINI MIT BUTTER UND SALBEI

◔ Zubereitungszeit: 75 Minuten, ohne Ruhe- und Trockenzeit
+ Vegetarisch

ZUTATEN FÜR 6 PORTIONEN

FÜR DEN NUDELTEIG:

500 g Weizenmehl
6 Eier (Größe M)
2 TL Olivenöl
Salz

FÜR DIE FÜLLUNG:

Magerquark (20 % Fett)
170 g ger. Parmesan
2 Eier (Größe M)
gem. Pfeffer
ger. Muskatnuss

ZUSÄTZLICH:

125 g Butter
vorbereitete Salbeiblättchen
1 TL gehackte Petersilie

PRO PORTION:

E: 36 g, F: 41 g, Kh: 64 g, kcal: 818

1. Für den Nudelteig Mehl in eine Rührschüssel geben und in die Mitte eine Vertiefung eindrücken. Eier, Olivenöl und Salz verschlagen, in die Vertiefung geben. Mit einer Gabel nach und nach etwas von dem Mehl einrühren.

2. Anschließend mit dem Mixer (Knethaken) zu einem glatten Teig verkneten. Sollte der Teig kleben, noch etwas Mehl hinzufügen. Den Teig in Frischhaltefolie wickeln und etwa 30 Minuten ruhen lassen.

3. Für die Füllung Quark mit 50 g des Parmesans und Eiern zu einer weichen Masse verrühren. Mit Salz, Pfeffer und Muskat würzen.

4. Den Nudelteig auf der bemehlten Arbeitsfläche dünn ausrollen und Kreise (Ø etwa 5 cm) ausstechen. In die Mitte jedes Teigkreises etwas von der Füllung geben. Die Teigränder mit Wasser bestreichen. Die Teigkreise zu Halbkreisen zusammenklappen, Ränder gut zusammendrücken. Die Spitzen jedes Halbkreises leicht auseinanderziehen und um den Zeigefinger wickeln, die Spitzen dabei leicht zusammendrücken. Tortellini auf dem bemehlten Brett mehrere Stunden trocknen lassen.

5. Tortellini portionsweise in kochendem Salzwasser etwa 5 Minuten garen. Anschließend mit einer Schaumkelle herausnehmen und in einem Sieb abtropfen lassen.

6. Butter in einer Pfanne zerlassen und etwas bräunen lassen. Salbeiblättchen und Petersilie hinzugeben.

7. Die Tortellini in eine Schüssel geben. Die Petersilien-Salbei-Butter darauf verteilen und gut untermischen. Die Tortellini sofort servieren. Restlichen Parmesan dazureichen.

TORTELLINI MIT KÜRBISSAUCE

Zubereitungszeit: 20 Minuten
Garzeit: etwa 15–20 Minuten
+ Vegan

ZUTATEN FÜR 4 PORTIONEN

750 g Kürbis, z. B. Hokkaido
1 Zwiebel
50 g frischer Ingwer
150 ml Orangensaft
60 g Butter
150 ml vegane Gemüsebrühe
Salz
gem. Pfeffer
500 g Tortellini (mit Käse-Füllung)
1 Bund Dill
20 g Kürbiskerne

PRO PORTION:

E: 15 g, F: 19 g, Kh: 54 g, kcal: 460

1. Den Kürbis abspülen, abtrocknen, halbieren und die Kerne mit dem weichen Innenteil mit einem Löffel herausschaben. Kürbishälften in kleine Würfel schneiden.

2. Zwiebel abziehen, Ingwer schälen und beides in sehr feine Würfel schneiden. Die Kürbis-, Zwiebel- und Ingwerwürfel in einen Topf geben, mit Orangensaft, Butter und Gemüsebrühe aufkochen lassen, dann zugedeckt 15–20 Minuten köcheln lassen.

3. Anschließend die Sauce mit einem Pürierstab sämig pürieren. Dill abspülen, trocken tupfen, Spitzen von den Stängeln zupfen und fein schneiden. Die Sauce mit Salz und Pfeffer abschmecken, dann den Dill unterrühren und die Sauce warm halten.

4. Wasser in einem großen Topf zugedeckt zum Kochen bringen. Salz und Tortellini im geöffneten Topf bei mittlerer Hitze nach Packungsanleitung zubereiten, dann in ein Sieb geben, abtropfen lassen.

5. In der Zwischenzeit Kürbiskerne in einer Pfanne ohne Fett unter Wenden leicht bräunen. Die Tortellini mit der Sauce anrichten und mit Kürbiskernen bestreut servieren.

VOLLKORN-KÄSE-SPÄTZLE

◔ Zubereitungszeit: 50 Minuten
+ Vegetarisch

ZUTATEN FÜR 4 PORTIONEN

300 g Vollkorn-Weizenmehl
3 Eier (Größe M)
Salz
1 EL Sonnenblumenöl
etwas gem. Safran
2 mittelgroße Zwiebeln
30 g Butter
150 g ger. kräftiger Käse, z. B. Bergkäse oder Greyerzer
3 EL leicht geröstete, gehackte Sonnenblumenkerne
einige vorbereitete Petersilienblättchen

PRO PORTION:

E: 25 g, F: 29 g, Kh: 49 g, kcal: 590

1. Mehl in eine Rührschüssel geben. Eier, 1 TL Salz, Sonnenblumenöl, 150 ml Wasser und Safran hinzugeben. Die Zutaten mit dem Mixer (Knethaken) oder mit einem Holzlöffel verrühren. Dabei darauf achten, dass keine Klümpchen entstehen. Den Teig so lange schlagen, bis er Blasen wirft.

2. Wasser in einem großen Topf zum Kochen bringen, Salz zufügen. Den Teig portionsweise mit einem Spätzlehobel oder durch eine Spätzlepresse in das kochende Salzwasser geben und in 3–5 Minuten gar kochen (die Spätzle sind gar, wenn sie an der Oberfläche schwimmen).

3. Die garen Spätzle mit einem Schaumlöffel aus dem Salzwasser nehmen, in ein Sieb geben, mit heißem Wasser abspülen und abtropfen lassen. Die Spätzle in eine Schüssel geben und warm stellen.

4. Zwiebeln abziehen und in Scheiben schneiden. Die Butter in einer Pfanne zerlassen, Zwiebelscheiben darin goldgelb dünsten.

5. Die warm gestellten Spätzle mit Zwiebelscheiben und Käse vermengen. Die Spätzle mit Sonnenblumenkernen bestreuen und mit Petersilienblättchen garniert servieren.

TIPP:

Nach Belieben die Vollkorn-Käse-Spätzle kurze Zeit im vorgeheizten Backofen erhitzen, bis der Käse geschmolzen ist.

WIRSINGLASAGNE MIT ZWIEBEL-NUSS-KRUSTE

Zubereitungszeit: 45 Minuten
Garzeit: etwa 25–30 Minuten
+ Vegan

ZUTATEN FÜR 4 PORTIONEN

FÜR DIE LASAGNE:

1 kg junger Wirsing
70 g getrocknete Tomaten, in Öl eingelegt

FÜR DIE SAUCE:

100 ml vegane Gemüsebrühe (z. B. Instant)
500 ml Sojamilch (Soja-Drink, oder z. B. Mandel- oder Reis-Drink)
200 ml Soja-Kochcreme
1 Schalotte
45 g vegane Margarine
2 TL Tomatenmark
40 g Weizenmehl
Salz, gem. Pfeffer
ger. Muskatnuss
9 vegane Lasagneplatten (ohne Vorkochen, etwa 165 g)

FÜR DIE KRUSTE:

25 g kernige Haferflocken
30 g Haselnusskerne
2 mittelgroße Zwiebeln
40 g vegane Margarine

PRO PORTION:

E: 21 g, F: 41 g, Kh: 57 g, kcal: 687

1. Für die Lasagne Wirsing putzen, evtl. äußere, welke Blätter entfernen. Den Kohl vierteln, abspülen, abtropfen lassen und jeweils den Strunk herausschneiden. Kohl in feine Streifen schneiden. Tomaten abtropfen lassen, dabei das Öl auffangen und 2 Esslöffel abmessen. Tomaten in feine Streifen schneiden.

2. Das aufgefangene Öl von den Tomaten in einer großen Pfanne erhitzen. Die Wirsingstreifen evtl. in 2 Portionen hinzugeben, mit Salz und Pfeffer würzen und unter Rühren etwa 3 Minuten andünsten. Tomatenstreifen hinzugeben und unterrühren.

3. Für die Sauce die Brühe, Sojamilch und Soja-Kochcreme verrühren. 150 ml der Brühemischung abmessen und zum Wirsing in die Pfanne geben. Das Ganze 8–10 Minuten zugedeckt dünsten, bis der Wirsing um etwa die Hälfte zusammengefallen ist, dabei gelegentlich umrühren.

4. Inzwischen Schalotte abziehen, fein würfeln. Margarine in einem Topf zerlassen. Schalottenwürfel darin unter Rühren glasig andünsten. Tomatenmark unterrühren. Mehl daraufstäuben, unterrühren. Restliche Brühemischung hinzugießen, mit einem Schneebesen durchschlagen, dabei darauf achten, dass keine Klümpchen entstehen. Sauce aufkochen, etwa 3 Minuten köcheln lassen, mit Salz, Pfeffer und Muskat würzen.

5. Den Backofen vorheizen.
Ober-/Unterhitze: etwa 180 °C
Heißluft: etwa 160 °C

6. Den Boden einer großen, rechteckigen Auflaufform dünn mit einer Schicht Sauce bestreichen, darauf eine Schicht Lasagneplatten legen. Darauf etwa die Hälfte vom Wirsinggemüse verteilen. Darauf nacheinander wieder Sauce, Lasagneplatten und Wirsing so einschichten, dass die oberste Lasagneschicht mit Sauce bedeckt ist.

7. Für die Kruste Haferflocken und Nüsse in einer Pfanne ohne Fett rösten, bis sie zu duften anfangen. Die Haferflocken-Nuss-Mischung auf einen Teller geben.

8. Zwiebeln abziehen und in feine Scheiben schneiden, dann in Ringe teilen. Margarine in der Pfanne zerlassen. Die Zwiebelringe darin glasig dünsten. Haferflocken-Nuss-Mischung

hinzugeben und unterrühren. Die Mischung auf der Lasagne verteilen.

9. Die Form auf dem Rost in den vorgeheizten Backofen schieben. Die Lasagne **25–30 Minuten garen.**

TIPP:

Die Lasagne schmeckt auch mit feinem Spitzkohl ganz köstlich. Beachten Sie bitte die Garzeiten der Lasagneplatten. Je nach Hersteller unterscheiden sich die Zubereitungszeiten der vorgegarten Lasagneplatten um bis zu 10 Minuten.

ZITRONEN-PASTA-SALAT

Zubereitungszeit: 25 Minuten
+ Vegetarisch

ZUTATEN FÜR 4 PORTIONEN

Salz
250 g Nudeln, z. B. Penne oder Rigatoni
60 g abgetropfte schwarze Oliven mit Stein, z. B. Kalamata
1 Bio-Zitrone (unbehandelt, ungewachst)
600 g Cocktailtomaten
4 Stängel Basilikum
3–4 EL Olivenöl
40 g abgetropfte Kapern
¼–½ EL Chiliflocken
200 ml Gemüsebrühe
20 g ger. Parmesan

PRO PORTION:

E: 12 g, F: 14 g, Kh: 50 g, kcal: 378

1. Wasser in einem großen Topf zugedeckt zum Kochen bringen. Dann Salz und Nudeln zugeben. Die Nudeln im geöffneten Topf bei mittlerer Hitze nach Packungsanleitung bissfest kochen, dabei gelegentlich umrühren.

2. In der Zwischenzeit die Oliven vom Stein schneiden. Die Zitrone heiß abwaschen, abtrocknen und die Schale mit einem Zestenreißer fein abziehen. Zitrone halbieren, den Saft auspressen und 4 Esslöffel davon abmessen.

3. Tomaten abspülen, abtrocknen und halbieren. Basilikum abspülen und trocken tupfen. Die Blättchen von den Stängeln zupfen. Blättchen grob zerschneiden.

4. Olivenöl in einer großen Pfanne erhitzen. Tomatenhälften, Kapern, Oliven, Chiliflocken und Zitronenzesten darin etwa 1 Minute unter Rühren anbraten, mit Salz würzen. Die Zutaten mit dem abgemessenen Zitronensaft und der Gemüsebrühe ablöschen, zum Kochen bringen und auf die Hälfte einkochen lassen. Basilikum untermischen.

5. Die gegarten Nudeln in ein Sieb geben und gut abtropfen lassen.

6. Die vorbereiteten Salatzutaten mit den Nudeln mischen. Den Zitronen-Pasta-Salat mit Parmesan bestreuen und warm servieren.

ZUCCHINI-LINSEN-BOLOGNESE

Zubereitungszeit: 15 Minuten, ohne Abkühlzeit
Garzeit: etwa 35 Minuten
+ Vegan

ZUTATEN FÜR 4–5 PORTIONEN

2 Knoblauchzehen
2 Zwiebeln (etwa 100 g)
250 g rosé Champignons
150 g Zucchini
1 große Fleischtomate (etwa 250 g)
2 EL Olivenöl
175 g feine dunkelbraune Linsen, z. B. Alblinsen oder Beluga-Linsen
etwa 350 ml vegane Gemüsebrühe
1 Lorbeerblatt
2 Stängel frischer oder ½ TL gerebelter Thymian
Salz
gem. Pfeffer

PRO PORTION:

E: 12 g, F: 6 g, Kh: 20 g, kcal: 195

1. Knoblauch und Zwiebeln abziehen, in sehr feine Würfel schneiden. Champignons putzen, evtl. kurz abspülen und trocken tupfen. Champignons fein hacken. Zucchini abspülen, abtrocknen und die Enden abschneiden. Tomate abspülen, abtrocknen, halbieren und den Stängelansatz herausschneiden. Zucchini und Tomate fein würfeln.

2. Das Olivenöl in einem Topf erhitzen. Knoblauch- und Zwiebelwürfel darin unter Rühren glasig dünsten. Champignon- und Zucchiniwürfel hinzugeben und mit anbraten. Dann Linsen und Tomatenwürfel hinzugeben. Die Brühe hinzugießen. Lorbeerblatt und abgespülte, trocken getupfte Thymianstängel oder gerebelten Thymian unterrühren.

3. Die Zutaten zum Kochen bringen und zugedeckt etwa 30 Minuten bei schwacher Hitze kochen lassen, dabei mehrmals umrühren. Dann den Deckel abnehmen.

4. Die Linsen-Bolognese mit Salz und Pfeffer würzen und ohne Deckel in weiteren etwa 5 Minuten unter gelegentlichem Rühren sämig einkochen lassen.

5. Die Zucchini-Linsen-Bolognese nochmals mit Salz und Pfeffer abschmecken.

TIPP:

Die Sauce wird noch cremiger, wenn Sie zusätzlich 150 ml Pflanzencreme zum Kochen (z. B. aus Soja oder Hafer) unterrühren.

ZWIEBEL-PASTA, ARABISCHE

Zubereitungszeit: 30 Minuten

ZUTATEN FÜR 4 PORTIONEN

400 g Hähnchen- oder Putenbrustfilet
2 Knoblauchzehen
1 Gemüsezwiebel (etwa 200 g)
½ Bio-Zitrone (unbehandelt, ungewachst)
2 EL Olivenöl
1 Lorbeerblatt
gem. Zimt, Kreuzkümmel (Cumin), Piment und Kardamom
Salz
gem. Pfeffer
grob geschroteter Chili
400 g Pizzatomaten in Tomatensaft (aus der Dose)
150 ml Gemüsebrühe
300–400 g Penne
125 g getrocknete Pflaumen oder Aprikosen ohne Stein (Soft-Früchte)
2 EL klein gehackte Petersilie

PRO PORTION:

E: 38 g, F: 8 g, Kh: 82 g, kcal: 557

1. Filet mit Küchenpapier abtupfen und in breite Streifen schneiden. Knoblauch abziehen und in Scheiben schneiden. Zwiebel abziehen, halbieren und in Scheiben schneiden. Zitrone heiß abspülen, abtrocknen, halbieren und in Scheiben schneiden.

2. Olivenöl in einer großen Pfanne erhitzen. Zwiebel- und Knoblauchscheiben darin unter Rühren braun anbraten. Fleischstreifen hinzugeben und kurz von allen Seiten kräftig anbraten. Lorbeerblatt, 1 Prise Zimt, je etwa ¼ Teelöffel Cumin, Piment und Kardamom, Salz, Pfeffer und Chili zu den Fleischstreifen geben, unter Rühren etwa 1 Minute anrösten.

3. Pizzatomaten mit dem Saft, Zitronenscheiben und Brühe hinzufügen, zum Kochen bringen und etwa 5 Minuten ohne Deckel kochen lassen.

4. In der Zwischenzeit Wasser in einem großen Topf zugedeckt zum Kochen bringen. Salz und Nudeln zugeben. Nudeln im geöffneten Topf bei mittlerer Hitze nach Packungsanleitung bissfest kochen, dabei gelegentlich umrühren.

5. Pflaumen oder Aprikosen in breite Streifen schneiden, unter die Zwiebel-Tomaten-Sauce rühren, wieder zum Kochen bringen und weitere etwa 4 Minuten ohne Deckel garen.

6. Die gegarten Nudeln in ein Sieb geben, mit heißem Wasser abspülen und abtropfen lassen. Nudeln zur Sauce geben und untermischen. Zwiebel-Pasta würzig abschmecken und mit der Petersilie bestreut servieren.

TIPP:

Die besondere Würzmischung macht dieses Gericht so raffiniert.
Durch die mitgegarten Trockenfrüchte und Zwiebeln erhält die Sauce eine feine süßsaure Note, die besonders gut mit Geflügel oder auch Thunfisch harmoniert.

REGISTER

ASIATISCH

AUS DEM OFEN

FÜR GÄSTE

FÜR KINDER

MIT FISCH

MIT FLEISCH

SALATE

SCHNELL UND EINFACH

SUPPEN & EINTÖPFE

SÜSSE NUDELN

VEGAN

VEGETARISCH

Bei Fragen oder Anregungen wenden
Sie sich bitte an folgende Telefonnummer
+49 (0) 89-5482515-0 oder an
kontakt@zsverlag.de.

ISBN: 978-3-7670-1691-0
1. Auflage 2017

Projektleitung: Birgitt Filatzek
Redaktion: Angelika Ilies, Langen,
Annette Riesenberg

Rezeptentwicklung und -beratung:
Susanne Raht, Hamburg

Nährwertberechnungen:
Nutri Service, Hennef, Angelika Ilies, Langen

Lektorat: Redaktionsbüro Sieck, Neumünster

Coverfotos:
Fotostudio Diercks (Thomas Diercks, Kai Boxhammer, Christiane Krüger), Hamburg
Eising-Studio Food Photo & Video, München
Antje Plewinski, Berlin

Foodfotografie:
Walter Cimbal, Hamburg (S. 11, 54)
Fotostudio Diercks (Thomas Diercks, Kai Boxhammer, Christiane Krüger), Hamburg (S. 5, 7, 8, 10, 12,15, 16, 19, 23, 27, 28, 31, 32, 39, 40, 47, 48-50, 57, 59, 62, 65, 68, 69, 61, 72, 73, 75, 76, 79, 80, 84, 87, 88, 91, 93, 94, 98, 99, 101, 102, 105-107, 109, 110, 114, 117-119, 121, 122, 125, 126, 128, 129, 131, 134, 136, 141, 143, 145, 154, 157, 158, 160-162, 165, 166, 168, 169, 172, 179-181, 185, 186, 191, 194, 195, 197, 201, 203, 204, 209
Eising-Studio Food Photo & Video, München (S. 35, 53, 61, 97, 133, 148, 153, 177)
Uli Hartmann, Halle (S. 24, 182)
Janne Peters, Hamburg (S. 43, 132, 171, 175, 207)
Antje Plewinski, Berlin (S. 44, 45, 95, 139, 144, 150, 159, 188, 192, 208)
Axel Struwe, Bielefeld (S. 20, 66, 82, 198)
Brigitte Wegner, Bielefeld (S. 146)
Winkler Studios, Bremen (S. 9, 36, 58, 83, 85, 113, 123, 135, 147, 151, 176, 200, 211)

Artdirektion und
Grafikdesign: seidldesign, Stuttgart

Lithografie: Jan Russok
Satz und Layout: MDH Haselhorst, Bielefeld
Titelgestaltung: Büro 18, Friedberg/Bayern
Herstellung: Frank Jansen

Druck und Bindung: Optimal media GmbH, Röbel

Die Bücher und E-Books unter der Marke
Dr. Oetker Verlag erscheinen als Lizenz in der
ZS Verlag GmbH.
www.oetker-verlag.de
www.facebook.de/Dr.OetkerVerlag
Die ZS Verlag GmbH ist ein Unternehmen
der Edel AG, Hamburg.
www.zsverlag.de
www.facebook.de/zs-verlag